HERMANN EICHLER

Die Rechtsidee des Eigentums

Schriften zum Bürgerlichen Recht

Band 172

Die Rechtsidee des Eigentums

Eine rechtsdogmatische und rechtspolitische
Betrachtung

Von

Hermann Eichler

Duncker & Humblot · Berlin

Die Deutsche Bibliothek – CIP-Einheitsaufnahme

Eichler, Hermann:
Die Rechtsidee des Eigentums : eine rechtsdogmatische und rechtspolitische Betrachtung / von Hermann Eichler. – Berlin : Duncker und Humblot, 1994
  (Schriften zum bürgerlichen Recht ; Bd. 172)
  ISBN 3-428-08144-7
NE: GT

Alle Rechte vorbehalten
© 1994 Duncker & Humblot GmbH, Berlin
Druck: Berliner Buchdruckerei Union GmbH, Berlin
Printed in Germany
ISSN 0720-7387
ISBN 3-428-08144-7

Gedruckt auf alterungsbeständigem (säurefreiem) Papier
gemäß der ANSI-Norm für Bibliotheken

Inhaltsverzeichnis

Einleitung 9

Erster Teil

I. Die Eigentumsordnung nach österreichischem bürgerlichem Recht 11
   1. Sachordnung und Sachenrecht 11
   2. Die Gliederung des Allgemeinen bürgerlichen Gesetzbuches Österreichs 12
   3. Die Person und die Sache als rechtssystematische Anknüpfungspunkte 13

II. Hinwendung zur Rechtsgeschichte Österreichs. Der Geist des ABGB (Hinweise aus neueren Darstellungen) 14

III. Das Eigentumsrecht des BGB 16
   1. Befugnisse des Eigentümers 16
   2. Herrschaft und Zugehörigkeit 17
   3. Anschauungsweisen des Eigentums innerhalb des deutschen Schrifttums 18

IV. Die Eigentumsordnung des schweizerischen Zivilgesetzbuches 22
   1. Die Idee des Eigentumsrechts im schweizerischen Privatrecht 22
   2. Das Phänomen der Zivilrechtskodifikationen 24

Zweiter Teil

Schrifttumshinweise 27

I. Sachenrechtliche Grundbegriffe nach der österreichischen und deutschen Rechtsliteratur 29
   1. Die österreichische Sach- und Besitzordnung 29
   2. Das deutsche Sachenrecht 31

II. Die Sach- und Eigentumsordnung nach schweizerischem Recht 36

III. Die sachenrechtliche Dogmatik im französischen Recht	39
IV. Bibliographische Überleitung. Zwischenbemerkungen zu den Schrifttumsangaben und dem Literaturverzeichnis	40

Dritter Teil

I. Die Systematik des bürgerlichen Rechts	42
II. Die deutschsprachigen Kodifikationen des Sachenrechts	48
1. Einführung	48
2. Das System der Kodifikationen	49
3. Das gemeinschaftliche Eigentum	51
a) Schweiz	51
b) Deutschland	53
III. Der gutgläubige Erwerb von Nichtberechtigten	54
1. Der Interessenkonflikt (BGB)	54
2. Der Interessenkonflikt (ABGB)	55
3. Der Interessenkonflikt (ZGB)	56

Vierter Teil

I. Systemaufbau	59
II. Der Inhalt und die Beschränkungen des Eigentums	60
III. Das Eigentum an beweglichen Sachen	62
IV. Das Grundstückseigentum	63
V. Hypothek und Grundschuld	63
Nachtrag zum Hypthekenrecht	67

Fünfter Teil

I. Persönliches Eigentum	68
II. Vom Sinn und Wert des Eigentums in der Rechtsgeschichte. Erinnerungen an Heinrich Mitteis: „Die Rechtsidee in der Geschichte"	68

III. Das Eigentum in der österreichischen Privatrechtsgeschichte 70

IV. Das Eigentum in der schweizerischen Privatrechtsgeschichte 71

Die Zusammenfassung der gesetzlichen Eigentumsordnung

I. Die Sachordnung und Vertragsordnung 75

II. Die Grundbuchordnung 75

III. Die Grundstücksveräußerung und das Wohnungseigentum 76

IV. Das Unternehmenseigentum 77

Nachtrag: Das Eigentum im sozialistischen Rechtskreis 78

Schlußwort 80

Literaturverzeichnis 82

Personenverzeichnis 86

Einleitung

Von vornherein ist Gewicht darauf zu legen, daß das in Rede stehende Phänomen nicht in seinem lehrbuch- und kommentarmäßigen Zusammenhang, sondern in freibleibender Gesamtdarstellung behandelt werden soll.

Vertrag und Eigentum sind neuerdings wieder in einem rechtsphilosophischen Gesamtzusammenhang von Gustav Radbruch dargestellt worden. Vorweggenommen ist darin die Apriorität des Eigentumsbegriffes. In dem dort vorausgesetzten Sinne ist Eigentum eine „aprioristische Rechtskategorie". Die entsprechenden Eigentumslehren sind im Wege von bekannten Theorien, z. B. der Okkupations- und Spezifikationstheorie, gewonnen worden. In diesem Rahmen treten die Aneignung und Verarbeitung unter der Vorstellung einer Verarbeitung von Rohstoffen hervor. Der Genannte geht von der Alternative aus, daß das Eigentum entweder im „Dienst der Einzelnen" oder als im „Dienst der Gesellschaft" stehend angesehen worden ist. So kommt es zur Unterscheidung der individualistischen und sozialen Eigentumstheorie. Die Erstgenannte wird auch als „Persönlichkeitstheorie" aufgefaßt.

„Auf die Persönlichkeit hin geordnet und von ihr durchwaltet, wird ein solches Eigentum zu einem organischen Ganzen, in dem jeder Einzelgegenstand durch seine Einordnung ... an wirtschaftlichem Wert gewinnt". „Es entsteht eine neue Einheit, die wertvoller ist als die Summe ihrer Teile".

Für die zuletztgenannte Theorie ist das Eigentum nicht so sehr Herrschaft, sondern eine vertragliche Beziehung „zwischen Mensch und Sachen". Nach dem Grundgedanken hat nicht nur der Mensch seine Würde, sondern auch die Sache, weil sie etwas vom Menschen verlangt (Rechtsphilosophie, S. 254).

Betont wird daher nicht nur die positive Seite des Sachgenusses, sondern auch die negative Seite der Ausschließung anderer Personen bzw. ihre vertragliche Einbeziehung.

Der angedeutete Gedankengang mündet in politische Überlegungen ein, denn die Persönlichkeitsentfaltung im Eigentum vollzieht sich also mit „einigem Wenigen nur um den Preis, daß sie in unzähligen Anderen eben dadurch unmöglich wird".

Der weitläufige Gedankengang führt zur Unterscheidung der Individualfunktion des Eigentumsrechts (Naturrecht) und der Sozialfunktion, der der

Eigentumsgebrauch untersteht. Am Ende greifen das individualistische Naturrecht des Eigentums und die soziale Ethik seines Gebrauches ineinander.

Die vorstehende theoretische Grundlegung ist in ihren Ergebnissen eher in das Verfassungsrecht („Eigentum verpflichtet") als in das bürgerliche Recht einzuordnen, dessen sachenrechtliche Regelung in der in Rede stehenden Hinsicht von der grundsätzlichen Einteilung her gesehen deshalb wertfrei ist, weil es auf die Bedürfnisse des Rechtsverkehrs unserer Zeit eingestellt ist.

Vom Standpunkt herkömmlicher Beurteilung ist die sog. Rechtsmaterie „Sachenrecht" in der Vorstellung des Gesetzes streng an die Sachordnung und ihre Grundbegriffe gebunden (Bestandteile, Zubehör). Der Eigentumsgedanke im reinen Sinne des Wortes tritt zurück, weil die Bezeichnung Sachenrecht an die *Sachordnung* anknüpft, mithin relativiert wird.

Demgegenüber wird vorgeschlagen — ohne Rücksicht auf eine Eigentumstheorie —, die Rechtsmaterie Sachenrecht künftig schlechthin als „Eigentum" zu bezeichnen, weil der Zusammenhang zwischen Sachordnung und Sachenrecht rein äußerlich verstanden wird, d. h. ohne den inneren Rechtsgehalt, der in dem Worte „Eigentum" liegt, zu berücksichtigen.

Die Systematik ist folgendermaßen gedacht: Die Überschrift lautet *„Eigentum"*. Es geht hierbei um eine *allgemeine* Gebietsbezeichnung, wie etwa das Personenrecht nach der Person bezeichnet wird. Das Wort „Eigentum" ist daher objektiv aufzufassen, und zwar als Gesamtbezeichnung der Rechtsmaterie schlechthin. Der rechtssubjektive Bezug kommt dadurch hinein, daß der Eigentümer als Träger der bekannten absoluten Rechte auftritt, und daß sich von dieser Rechtsmacht die beschränkten dinglichen Rechte ableiten.

Erster Teil

I. Die Eigentumsordnung nach österreichischem bürgerlichem Recht

1. Sachordnung und Sachenrecht

Die Darstellung des Sachenrechts setzt den Begriff der Sache und damit die „Sachordnung" voraus. In der ursprünglichen *naturrechtlichen* Auffassung, die das österreichische ABGB zugrundelegte, erfaßt der Sachbegriff in juristischem Sinne alles, was von der *Person* verschieden ist. Vorausgesetzt wird hierbei, daß die Sache dem *Gebrauche* der Menschen dient (§ 245 ABGB). In diesem Sinne wird von einzelnen Gegenständen gesprochen, die der betreffenden Person „zugeordnet" sind. Sie bilden ihr Vermögen. Auf dieser Grundanschauung beruht die Definition des Eigentums (§ 353 ABGB), denn *„alles,* was jemandem *zugehört,* alle seine körperlichen und unkörperlichen Sachen, heißen sein *Eigentum".* Es geht hierbei um einen sehr weit gefaßten Eigentumsbegriff, der im Ergebnis das „Vermögen" als die Summe der Gegenstände auffaßt. Die Sachen im Sinne des gesetzlichen Sprachgebrauches unterliegen diesem weiten Eigentumsbegriff. So erklärt sich die Definition des Eigentums als Befugnis, „mit der Substanz und den Nutzungen der Sache nach Willkür zu schalten, und jeden anderen davon auszuschließen" (§ 354 ABGB, z. Lit. s. *Rummel / Spielbüchler* zu § 354).

Auf der Grundlage dieser Begriffsbestimmung hat das Schrifttum im Laufe der Zeit die Sachen eingeteilt: in körperliche und unkörperliche, öffentliche und private, bewegliche und unbewegliche, verbrauchbare und unverbrauchbare, teilbare und unteilbare, vertretbare und unvertretbare, sowie weitere Differenzierungen *(Peter Bydlinsky,* Grundzüge des Privatrechts, Wien 1991, S. 81 ff., Nr. 293 ff.). Die Systematik ist deshalb hervorzuheben, weil der Sachbegriff als Sachordnung mit dem Sachenrecht im objektiven Sinne in Verbindung gebracht wird.

Die Rechtsmaterie Sachenrecht erscheint als das Recht der Zuordnung von Gütern. Auf dieser Grundlage beruht das System der einzelnen subjektiven dinglichen Rechte. Hierbei wird betont, daß der Zweck der Regelung des Sachenrechts auf der „Offenkundigkeit" der Güterzuordnung beruht.

Nach ausdrücklicher Gesetzesbestimmung sind „dingliche" Sachenrechte: das Recht auf Besitz, das Recht des Eigentums, des Pfandes, der Dienstbarkeit und des Erbrechts (§ 308 ABGB).

An dieser Zusammenstellung fällt auf, daß der Besitz und das Erbrecht als dingliche Sachenrechte bezeichnet werden.

Vom Standpunkt der Beurteilung der dinglichen Rechte im allgemeinen ist auffällig, daß der Besitz in die Gruppe der dinglichen Sachenrechte eingeordnet wird. Die Arten der Besitzerwerbung legt § 312 ABGB fest, indem angeführt werden: die physische Erwerbung, Wegführung oder Verwahrung körperlich beweglicher Sachen, unbewegliche, aber durch Betretung, Verrainung, Einzäunung, Bezeichnung oder Bearbeitung.

Erst nach eingehender Regelung des Besitzes wird das Eigentum erläutert, und zwar zuerst im objektiven Sinne: „Alles, was jemandem zugehört, alle seine körperlichen und unkörperlichen Sachen, heißen sein Eigentum" (§ 353 ABGB). Der subjektive Rechtscharakter bezeichnet das Eigentum als ein Recht, mit der Substanz und den Nutzungen einer Sache nach Willkür zu schalten und jeden anderen davon auszuschließen. (Auf diese Begriffsbestimmung stützt sich die Definition des deutschen BGB § 903.) Die weitere Erläuterung teilt das genannte Recht in ein vollständiges und unvollständiges ein. Beschränkungen des Eigentums heben seine Vollständigkeit nicht auf. An dieser Stelle findet auch das Miteigentum seine gesetzliche Regelung. Ein besonderes Kapitel bilden Klagen aus dem Eigentumsrecht (§ 366 ff. ABGB).

Im Anschluß wird der Erwerb des Eigentums durch sog. Zueignung geregelt, von dem der Erwerb durch Zuwachs unterschieden wird (s. § 404 ff. ABGB).

2. Die Gliederung des Allgemeinen bürgerlichen Gesetzbuches Österreichs

Die nachfolgende Systematik wird von den Gliederungsgesichtspunkten Personenrecht und Sachenrecht beherrscht. Hierbei steht das *Sachenrecht* im Vordergrunde.

Die Einleitung handelt: Von den bürgerlichen Gesetzen überhaupt. Auf ihrer Grundlage sind die einzelnen Hauptteile systematisch aufgebaut.

Erster Teil: Von dem *Personenrechte*

Zweiter Teil: Von dem *Sachenrechte*

Dritter Teil: Von den gemeinschaftlichen Bestimmungen der *Personen-* und *Sachenrechte*.

I. Die Eigentumsordnung nach österreichischem bürgerlichem Recht 13

Offensichtlich ist, daß die Gesamtübersicht durchgehend von den allgemeinen Ordnungsgesichtspunkten beherrscht wird, die für die einzelnen Rechtsgebiete gelten. Diese sind ausschließlich das Personenrecht und die Sachenrechte. Allerdings trägt der Zweite Teil die Überschrift „Von dem Sachenrechte" (Singular). Demgegenüber nennt sich die Zweite Abteilung „Von den persönlichen Sachenrechten".

Die gesamte Ordnung ist a priori auf dem Personenrecht einerseits und dem Sachenrecht andererseits aufgebaut, ohne daß im einzelnen die Gebiete Familien- und Erbrecht sowie das Recht der Schuldverhältnisse in den Hauptüberschriften hervortreten.

Es wird daher die Erkenntnis gewonnen, daß die „persönlichen Eigenschaften" einerseits und die eigentumsrechtlichen Zuordnungen andererseits das Gesamtbild kennzeichnen.

3. Die Person und die Sache als rechtssystematische Anknüpfungspunkte

Die vorgetragene Einteilung legt die allgemeinen Gliederungsgesichtspunkte, die für die Aufteilung des zivilrechtlichen Stoffes gelten, zugrunde: aber mit der Einschränkung, daß nur die Personen und die Sachen der Stoffgliederung dienen. Dies hat zur Folge, daß einerseits der Personbegriff, andererseits der Sachbegriff derart in den Vordergrund treten, daß z. B. das Recht der Schuldverhältnisse und damit das Vertragsrecht zuerst zurücktreten, unbeschadet dessen, daß sie später als Unterabteilungen vorkommen. Dies gilt z. B. auch für die Gebiete Familien- und Erbrecht, die gleichsam hier als Unterabteilungen auftreten.

Auf welchen Grunderwägungen die Beschränkung der Übersicht auf Personen und Sachen beruht, ist ohne weiteres aus der Vorgeschichte des Privatrechts, insbesondere des Naturrechts und Gemeinen Rechts herzuleiten, jedoch ist dies nicht die Aufgabe der vorstehenden Untersuchung.

Diese ist bestrebt, neue Vorstellungen der Gesamtsystematik des bürgerlichen Rechts und des Handelsrechts zu gewinnen, ohne daß zuvor eine rechtshistorische Grundlegung stattfindet. Die Hauptmethode, die der Darstellung zugrundegelegt wird, ist rechtssystematischer und rechtsdogmatischer Art. Es geht hierbei nicht nur um das österreichische Recht, das oben zum Anlaß genommen worden ist, sondern auch um das deutsche und schweizerische Recht, insbesondere die entsprechenden Zivilrechtskodifikationen von 1900 und 1907. Alle drei Kodifikationen stehen daher insofern in einem inneren Zusammenhange, als ihre Systeme miteinander verglichen werden. So gesehen, ließe sich von einer rechtsvergleichenden Abhandlung sprechen. Im Grunde genommen steht aber die Rechtssystematik derart im Vordergrunde, daß zeitliche Überbrückungen erforderlich sind. Zwar ist die österreichische Kodifikation als Ausgangspunkt der Untersuchungen ausgewählt worden, jedoch hätte es selbstverständlich nahegelegen, auch das preußische ALR zuerst zu berücksichtigen.

II. Hinwendung zur Rechtsgeschichte Österreichs

Der Geist des ABGB (Hinweise aus neueren Darstellungen)

a) In seiner Abhandlung „Neuere deutsche Privatrechtsgeschichte" hat *Gerhard Wesenberg* den Geist des ABGB beschrieben. Er geht von einem Wert aus, dessen Gedankengut, das aus dem Naturrecht und Frühliberalismus hervorgegangen war, den bekannten Tendenzen des Absolutismus nicht geopfert worden sei. Hierbei spricht er allerdings auch von den Sonderinteressen des Adels. Das Gesetzbuch wird von den Grundsätzen der *Gerechtigkeit* und den besonderen Verhältnissen der Bürger beherrscht. Die Kodifikation steht im Zeichen der leitenden Gedanken des *Naturrechts*. Die Ideenwelt von *Grotius, Pufendorf, Thomasius* u. a. spiegelt sich in dem österreichischen Gesetzbuch wider. Ob es auch ein Erzeugnis der vor- oder frühkapitalistischen Periode gewesen sei, das sich dem Gedankenkreis der Physiokraten zugewandt habe, wird offengelassen.

Weitgehend war jedenfalls die Bindung des ABGB an die gemeinrechtlichen Lehren im Übergang vom 18. zum 19. Jahrhundert.

Von einschlägiger Bedeutung ist nämlich, daß das Sachenrecht die ältere gemeinrechtliche Lehre vom „titulus" und „modus" adquirendi wiedergibt. Besonders wird auf das Familienrecht, das patriarchalische Züge trägt, eingegangen. Zum Schluß werden im österreichischen Erbrecht die Spuren einstiger Gemeinrechtsdoktrin wiedergefunden.

b) Im Rahmen der Privatrechtsgeschichte der Neuzeit hat auch *Franz Wieacker* die Ausprägung des naturrechtlichen Systems hervorgehoben und die Kodifikation als reines *Privatrechtsgesetzbuch* hingestellt. Das Sachenrecht erscheint ebenso wie das Erbrecht als Vermögensrecht. In der Gliederung schimmert der Allgemeine Teil durch, der zuletzt auf die Dreiteilung „personae, res, actiones" zurückgeführt wird. Nach Wieackers Auffassung wirkt das ABGB den Zivilgesetzbüchern der Gegenwart äußerlich ähnlicher als das ALR.

c) Besonders eingehend hat *Wilhelm Brauneder* Österreich im HRG Sp. 1334 ff. geschildert. Im Vordergrunde stehen verfassungsgeschichtliche Betrachtungen (Sp. 1342 ff.), die für die gesamtpolitischen Verhältnisse von großer Tragweite sind.

In demselben Handbuch hat *H.-R. Hagemann* die Eigentumsverhältnisse in dem einschlägigen Kodifikationsbereich auseinandergesetzt (§ 345 ABGB). Es wird hier gezeigt, wie sich die Historische Rechtsschule und die aus ihr hervorgegangene Pandektenwissenschaft tendenzmäßig in den neuen Kodifikationen niederschlagen. Hervorgehoben wird hierbei die Ausschließlichkeit und Unumschränktheit des Eigentumsrechts (Sp. 886).

d) Neuerdings hat *U. Floßmann* im Rahmen der österreichischen Privatrechtsgeschichte die Erscheinungsformen des Sachenrechts eingehend dargestellt. Den Ausgangspunkt bildet naturgemäß das Eigentumsrecht. Der Eigentumsbegriff und die Eigentumsbeschränkungen treten in ihrem historischen Wandel hervor. Diesem System schließen sich die beschränkten dinglichen Rechte an, insbesondere die Dienstbarkeiten, Reallasten und baurechtlichen Formen. Am Ende stehen Sondergestaltungen wie Leihrechte und Näherrechte. Das Ganze ist umgeben einerseits von den Grundzügen des gegenwärtigen Sachenrechts, andererseits den Strukturen der historischen Entwicklung. Im einzelnen treten hervor: die Objekte und das System des Sachenrechts. Vor allem wird in diesem Rahmen das Grundbuch in seiner Entwicklung und Einrichtung im *österreichischen* Rechtskreis geschildert.

e) Im Rahmen der österreichischen Rechtsgeschichte „Von den Anfängen bis zur Gegenwart" hat *Hermann Baltl* (Graz 1982) die Eigentumsentwicklung häufig berührt.

Im Frühmittelalter waren Träger des Eigentums Einzelpersonen, einzelne Familien, der König oder der Herzog sowie genossenschaftliche Verbände. Im Vordergrunde stand das Recht der Nutzung, und zwar im Rahmen der Gestaltung des Lehenswesens. Es wird daran erinnert, daß viele Personen ihr Eigentum einer anderen, z. B. der Kirche übertrugen und sich hierbei Nutzungsbesitz in Leiheform vorbehielten. Im Rahmen des Leibrentenvertrages ging zwar das Eigentum über, der Übertragende behielt es aber als Nutzungsbesitz in einer Leiheform (a. a. O., S. 76). Es kommt hierbei zum Ausdruck, daß der älteren Rechtsordnung entscheidend erschien, daß im Rahmen der Übertragung von Sachenrechten das Vorhaben der Beteiligten symbolisch dargestellt wurde. Es ist die Rede vom „Besitzen" vor Zeugen (a. a. O., S. 77).

Im Mittelalter war das Sachenrecht durch die überragende Bedeutung der Sachnutzung bestimmt. Die römisch-rechtliche Eigentumsvorstellung, mit der sich das Recht zur Herrschaft über die Sache verband, kam vorerst noch nicht zur Geltung.

„Freies Eigen" erschien allerdings in den Quellen als ein umfassendes Herrschaftsrecht an Grundstücken (a. a. O., S. 133). Hiermit hingen gemeinschaftsbezogene Funktionen zusammen. In diesem Rahmen treten Urkundenauszüge, Gerichtsbücher und Grundbücher bereits im 15. Jahrhundert in Erscheinung (a. a. O., S. 133). „Dadurch, daß in rechter Gewere befindliche Liegenschaften von den Inhabern der Gewere verpachtet oder verpfändet werden konnten", ergab sich für den Eigentümer die Gefahr, daß die Liegenschaft seinem Machtbereich entschwand. In diesem Rahmen der wirtschaftlichen Entwicklung treten die verrendete Liegenschaft und die Renten hervor.

In einem späteren Entwicklungsabschnitt, der das Staatsgrundgesetz betrifft und sich auf die „Grundrechte" bezieht, wird das Eigentum für unverletzlich erklärt. Eine Enteignung kann nur durch das Gesetz stattfinden.

Die zweite Novelle zum ABGB brachte grundrechtliche Bestimmungen, die dritte veränderte außerdem auch das Sachenrecht und Schuldrecht (Eigentumsvorbehalt, Belastungsverbote). Es ging damals, in der Kriegszeit, außerdem um die Beschränkung des Grundstücksverkehrs.

In die Gegenwart wirken hinein Einschränkungen der Vertragsfreiheit im Rahmen des Mietrechts. Dadurch, daß die Mietzinseinnahmen für die Erhaltung des Mietobjektes gebunden wurden, trat eine „wesentliche Entleerung des Inhalts des Eigentumsrechtes ein", a. a. O., S. 433).

Bereits in die Gegenwart ragt das Wohnungseigentumsgesetz vom 8. Juli 1948 BGBl. 149 hinein.

III. Das Eigentumsrecht des BGB

1. Befugnisse des Eigentümers

Nach einhelliger Meinung enthält das deutsche BGB keine gesetzliche Definition des Eigentumsrechts von rechtsbegrifflicher Tragweite. Die Motive betonen, daß die in Betracht kommende Vorschrift (§ 903 BGB) lediglich den Inhalt der Befugnisse des Eigentümers festlegt. Es handelt sich um das Recht zu tatsächlichen und rechtlichen Handlungen im Sinne von *Herrschafts*befugnissen. In dieser Weise räumt das Gesetz das freie Einwirkungsbelieben ein, wodurch die Kompetenz des Eigentümers gleichsam nach innen festgelegt wird. Nach außen betrachtet, kann er jeden Dritten von der Einwirkung auf die Sache ausschließen, sei es, daß es um unbewegliche oder bewegliche Sachen geht. In dieser Umschreibung legt sich das Gesetz noch nicht auf einen Rechtsbegriff fest, sondern umschreibt nur die Befugnisse des Eigentümers im Rahmen seiner *Sachherrschaft*. Es handelt sich dabei um eine positive und negative Wirkung.

Das Gesetzbuch stellt als Schranken die Gesetze oder die Rechte Dritter entgegen. Denn die Eigentümerbefugnisse können durch Rechte Dritter beschränkt werden, was das Gesetz ausdrücklich hervorhebt (§ 903 BGB). Im Gegensatz zu der Vollherrschaft des Eigentümers werden die entgegengesetzten Rechte Dritter, als *beschränkte* dingliche Rechte aufgefaßt. Im Prinzip ist die sog. Herrschaftsmacht des Eigentümers *absolut*. Auf dieser Grundanschauung beruht die systematische Einteilung in Grundstücksrecht oder Liegenschaftsrecht bzw. Fahrnisrecht, im Sinne von Rechten an beweglichen Sachen. Die dinglichen Grundstücksrechte werden im System des Sachenrechts dadurch hervorgehoben, daß sie im *Grundbuch* eingetragen werden (s. G. O.).

2. *Herrschaft und Zugehörigkeit*

Die Eigentumsordnung wird auf einem als feststehend angenommenen Eigentumsbegriff aufgebaut. Der Begriff des Eigentums ergibt sich nicht ohne weiteres aus dem Gesetz, sondern bleibt der wissenschaftlichen Eigentumsdogmatik als vorgegeben überlassen. Die natürliche Eigentumsvorstellung nimmt als Gegenstände alle vermögenswerten Güter auf, besonders auch Forderungen und Urheberrechte. Im Ergebnis läuft die Definition auf den Vermögensbegriff hinaus, der sich prinzipiell auf alle Rechte bezieht. Wie die Bezeichnung Sachenrecht erkennen läßt, erstreckt sich das Eigentumsrecht im Sinne der Sachordnung (§§ 90 ff. BGB) auf Sachen schlechthin. Die Benennung der in Rede stehenden Rechtsmaterie soll den inneren Zusammenhang herstellen zwischen der im Allgemeinen Teil des BGB niedergelegten Sachordnung und der Rechtsmaterie, die im BGB unter der Bezeichnung Sachenrecht geregelt ist. Diese Materie erscheint gleichsam als eine rechtstechnische Verlängerung der Sachordnung.

Die Methode verdeckt den Vorstellungskreis, der innerlich mit dem Eigentumsrecht verbunden ist. Es geht nämlich der dogmatische Grundgedanke verloren, daß das Recht des *Eigentums* die rechtliche Zugehörigkeit einer Sache zu der berechtigten Person gewährleistet. Diese wird als der Eigentümer bezeichnet, wohingegen der Inhaber eines beschränkten dinglichen Rechts sein Recht vom Eigentum gleichsam ableitet.

Es wird hieraus die systematische Konsequenz gezogen, daß die bisherige Rechtsmaterie des *Sachenrechts* in den verlängerten Bereich der sog. Sachordnung fällt.

Die obige Erläuterung führt indes zu der Erkenntnis, daß die in Rede stehende Rechtsmaterie aus der Sachordnung herauszulösen und als Eigentumsrecht im objektiven Sinne zu entwickeln ist. Diese Vorstellung unterscheidet sich von der Definition des Eigentumsrechts im subjektiven Sinne, das mitunter als Mutterrecht der beschränkten dinglichen Rechte bezeichnet wird.

Die dogmatische Begründung liegt in der Linie des bisherigen Titels „Eigentum", 3. Abschnitt des Dritten Buches des BGB, das die Bezeichnung *Eigentumsrecht* erhält.

3. Anschauungsweisen des Eigentums innerhalb des deutschen Schrifttums

a) Im Rahmen der Einführung in die Rechtswissenschaft und das Rechtssystem hat *Jürgen Baumann* unlängst Leitsätze des Sachenrechts aufgezeigt. Der Ausgangspunkt ist die dingliche Zuordnung einer Sache zu einem Rechtssubjekt. Die Rechtsänderung tritt nicht bereits durch schuldrechtliche Vorgänge ein, sondern erst durch den Erwerb des dinglichen Rechts, insbesondere des Eigentums. Derartige Rechte sind unabhängig von der schuldrechtlichen Beziehung. Hinzugefügt wird, daß die Rechtsgeschäfte des Sachenrechts *Verfügungs*geschäfte sind, im Gegensatz zu den *Verpflichtungs*geschäften. Die Erstgenannten ordnen die Rechtssubjekte bestimmten Rechtssubjekten zu *(Baumann,* Einführung in die Rechtswissenschaft, Rechtssystem und Rechtstechnik, 8. Aufl., München 1989, S. 67).

b) *Coing,* Europäisches Privatrecht (19. Jahrhundert) II, hat unlängst (1989) „Das Eigentum" in einem Überblick über die Entwicklung des Privatrechts (Band II) erläutert. Hierbei bemerkt er, daß ursprünglich das Wort „Eigentum" auch für die Inhaberschaft eines Rechts an anderen Rechten verwendet werde.

Das genannte Recht erscheint als das „höchste private Recht, das es an Sachen gibt" (a. a. O., S. 383). Hinzugefügt wird, daß das Eigentum die Nutzung und die rechtliche Verfügungsgewalt umfaßt. Hierbei wird auf das Eigentumsrecht in den romanischen Ländern hingewiesen, insbesondere auf die französische Gesetzgebung der Revolutionszeit.

Wiewohl das Eigentum als das höchste private Recht erscheint, ist es nicht unbeschränkt. Im historischen Rückblick wird es als absolutes Recht dargestellt, das freilich stets öffentlichrechtlichen Beschränkungen unterliegt.

Unter den Arten des Eigentums werden das Miteigentum, das Stockwerkeigentum und das Bergwerkseigentum hervorgehoben (S. 386 ff.).

III. Das Eigentumsrecht des BGB

c) In dem Schrifttum der Gegenwart ragt das Lehrbuch zum Sachenrecht von *Martin Wolff* hervor (später mitbearbeitet von *Ludwig Raiser*, 10. Bearbeitung, Tübingen 1957). Den Ausgangspunkt bilden der Begriff und Gegenstand des Eigentums; eine Darstellung, die im Mittelpunkt des Sachenrechts steht. Das *Eigentum* erscheint im System des Zivilrechts als ein subjektives Recht eigener Art, das von dem Gegenstande der Beherrschung begrifflich zu trennen ist. Aus dieser Definition wird hergeleitet, daß es kaum angebracht sei „statt von einem subjektiven Recht nur von einem Verhältnis der Zuordnung oder Zugehörigkeit einer Sache zu einer Person zu sprechen". Als Begründung wird angeführt, daß durch diese Art der Erläuterung, der auf die Beherrschung der Sache gerichtete Inhalt des Rechtsverhältnisses nicht genügend in Erscheinung träte. (Zu dieser in Zweifel gezogenen Auslegung s. *Wieacker*, Wandlungen der Eigentumsverfassung, AcP 148, 57 ff.; *Westermann*, Sachenrecht, S. 6 ff., 112; *Eichler,* Institutionen des Sachenrechts I, S. 138 ff.)

Im Rahmen dieser Auseinandersetzung wird betont, daß das „Eigentum" unbeschadet derartiger Interpretationen immer nur in Beziehung zu einer geschichtlich gegebenen Rechts- und Gesellschaftsordnung zu beantworten sei.

„Wie weit die Freiheit des Eigentümers reicht, mit der Sache nach Belieben zu verfahren, folgt nicht aus dem Begriff des Eigentums, sondern aus der Gesamtrechtsordnung, die das Recht verleiht und dabei den Raum des Eigentümerbeliebens konkret absteckt". Hinzugefügt wird, daß solche Begrenzungen dem Eigentum wie jedem subjektiven Recht immanent sind. Hieraus wird die selbstverständliche Folgerung gezogen, daß sie zur Bestimmung eines Inhalts gehöre (a. a. O., S. 174). Diese Anschauungsweise ist unlängst in Zweifel gezogen worden, besonders im schweizerischen Schrifttum (so von Peter Liver). Offensichtlich ist bei diesen Angriffen zu wenig berücksichtigt worden, daß die Definition nur in groben Zügen den Inhalt des Eigentumsrechts erläutern soll. Der Grundgedanke ist dabei, daß sich der dogmatische Wert des Eigentumsbegriffes nach seiner Funktion im System des Privatrechts richtet. (So mit Recht *Wolff/Raiser,* a. a. O., S. 175.)

d) *Fritz Baur* und Mitarbeiter haben in dem Lehrbuch des Sachenrechts, 15. Aufl. 1989, im Rahmen der Erörterung des Eigentums an Grundstücken, Inhalt und Bindungen ausführlich beschrieben. „Aus § 903 BGB läßt sich auf den Eigentumsbegriff schließen, der dem Gesetzgeber des BGB vorschwebt. Für ihn war die Beziehung einer Person zu einer Sache im Sinne einer absoluten Beherrschung entscheidend, einer Beherrschung, die sich positiv in der beliebigen Einwirkungsmöglichkeit des Rechtsträgers auf die Sache ... und negativ in der Ausschließung jedes anderen von der Sache äußert". Der Genannte fügt hinzu, daß § 903 BGB im Schrifttum vielfach als Ausdruck des „liberalen", „kapitalistischen" Zeitalters gelte. Die gegen diese Vorschrift erhobenen Einwendungen weist *Baur* mit dem Bemerken zurück, daß die dem Eigentümer gewährten umfassenden Befugnisse nur insoweit gegeben seien, als „nach der Ausdrucksweise des Gesetzgebers nicht das Gesetz oder Rechte Dritter entgegenstehen". Es sei also sicher, daß auch der Gesetzgeber des BGB „um die Notwendigkeit von Beschränkungen des Eigentums wußte" (a. a. O., S. 212).

Gegen eine derartige Rahmenbestimmung sind Einwendungen nicht angebracht: von vornherein ist nicht übersehbar, in welcher Weise der Gesetzgeber den Normeninhalt abändern und einschränken wird. Diese Eigentumsordnung im Sachenrecht des BGB, so *Baur,* bildet den verhältnismäßig weitgespannten Rahmen, in dem sich die Beteiligten bewegen können. Die verfassungsrechtliche Bestimmung sagt infolgedessen nichts über die Gebundenheit des Eigentümers selbst aus (a. a. O., S. 213).

Im übrigen kann bei dieser Gelegenheit die bekannte Garantie des Wesensgehaltes im Sinne des Art. 19 II nicht wiederum erläutert werden. Der Rückgriff auf die erwähnte Garantie an sich betrachtet löst die Problematik nicht, vielmehr ist eingehend zu erläutern, was aus dem Wesensgehalt des Eigentums allgemein und im einzelnen Fall herzuleiten ist (a. a. O., I § 24, S. 215).

Baur hat in seinem umfassenden, viel beachteten Werk die sachenrechtlichen Grundsätze unter dem Gesichtspunkt der Strukturprinzipien eingehend dargestellt. Die Haupteinteilungsgesichtspunkte sind das Liegenschaftsrecht, das sehr eingehend behandelt wird, und das Fahrnisrecht. Im Rahmen dieser Erörterungen tritt das Grundbuchrecht besonders hervor. Hierdurch gelingt es, die Sonderformen des Grundeigentums, insbesondere die Sicherungsrechte an Grundstücken ebenso wie die Nutzungsrechte anschaulich darzustellen.

Im Mittelpunkt der Gesamtuntersuchung stehen der Eigentumsbegriff und der Eigentumsinhalt, insbesondere die Beschränkung des Grundeigentums durch das öffentliche Recht. Das Gesamtwerk ist *praxisnahe* gehalten, namentlich, was die grundbuchrechtliche Seite betrifft.

Beachtenswert ist der Anhang: „Muster und Formulare" mit entsprechenden Bemerkungen.

Das Lehrbuch hat sowohl in Studentenkreisen als auch in der internationalen Rechtspraxis besondere Beachtung gefunden. Dies gilt besonders für die Anwendung des Grundbuchrechts.

e) Vom Aufbau und der Methode her gesehen deckt sich das Lehrbuch für Sachenrecht von Harry *Westermann* vielfach mit dem vorgenannten Werk. Dies gilt namentlich für das erste Buch „Wesen, Umfang, Gliederung und

III. Das Eigentumsrecht des BGB

Quellen des Sachenrechts" sowie für die beiden weiteren Bücher „Der Besitz" und „Das Eigentum im allgemeinen". Besonders tritt das Wesen des Rechts des Eigentums deutlich hervor. Sichtbar wird hierbei die Eigenart des Eigentümer-Besitzerverhältnisses. Zugleich wird die Anspruchslage eingehend behandelt. Am Ende tritt der Schutz gegen Eingriffe in das Eigentum hervor. Der Schwerpunkt des Lehrbuches liegt auf dem *Liegenschaftsrecht*, und zwar auf dem Eigentum am Grundstück und dem Erbbaurecht sowie allen in Betracht kommenden Bewegungsvorgängen. Eingehend erläutert der Verfasser das Grundpfandrecht. Den Abschluß bilden das Pfandrecht und der Nießbrauch an beweglichen Sachen und Rechten.

Ein wesentlicher Gesichtspunkt der Gesamtarbeit ist die Betrachtung des Sachenrechts als ein die Güter *zuordnendes* Recht. Nach der Auffassung des genannten Verfassers reicht die herkömmliche Betrachtung des Klageschutzes und der Unmittelbarkeit der Objektsbeziehung nicht aus, das Wesen der sachenrechtlichen Güterzuordnung hinreichend zu klären, da sie nur Ausflüsse dieser güterzuordnenden Funktion der dinglichen Rechte sind. Überzeugend ist die Argumentation, daß auch die Forderung und andere Gegenstände genauso wie das Eigentum einer bestimmten Person „zugeordnet" sind (§ 2 II).

In die umstrittene Lehre führt der Genannte die sog. doppelte Zuordnung des Gegenstandes ein. So kommt es zu einem besonderen Kapitel „Wesensmerkmale der Zuordnung und der Verfügungsgeschäfte". Im Anschluß wird ihre abstrakte Natur behandelt. Hervorzuheben ist, daß Westermann „gewichtige Gründe gegen das Abstraktionsprinzip" vorbringt. Problematisch bleibt die einheitliche Erfassung des Grund- und Erfüllungsgeschäftes nach § 139 BGB.

Einen gewissen Höhepunkt des beachtenswerten Werkes stellt die „Einheit des Eigentumsbegriffes" dar.

In diesem Rahmen befindet sich der Satz, daß das Eigentum „vermögensrechtlicher Ausdruck der rechtlichen *Persönlichkeitswertung*" ist.

Am Ende meint er, daß es keine „Patentlösung" für die Frage nach Inhalt und Grenzen des Eigentums gäbe. Das Eigentum erscheint ihm als ein Spannungsverhältnis, wie Freiheit und Bindung es sind. (Hierbei beruft er sich auf BGH NJW 52, 972.)

In dieser Besprechung kann selbstverständlich auf die grundlegende Problematik, die internationalen Charakters ist, nicht eingegangen werden. So hat auch Westermann die Eigentumsdiskussion, die, international betrachtet, noch nicht abgeschlossen ist, weiter in Fluß gebracht und ihr Impulse gegeben.

IV. Die Eigentumsordnung
des schweizerischen Zivilgesetzbuches

1. Die Idee des Eigentumsrechts im schweizerischen Privatrecht

a) In einer neueren Abhandlung (Basel 1977) hat *Peter Liver* das „Eigentum" unter grundsätzlichen und dogmatischen Gesichtspunkten erläutert. Es erscheint angebracht, dieses Werk im Hinblick auf die Idee des Eigentumsrechts in seinen wesentlichen Ansätzen zusammenzufassen. Ausgangspunkt sind die römischrechtlichen, deutschrechtlichen und naturrechtlichen Traditionen, auf die sich die Gesetzbücher und vor allem die Rechtsauffassung vom Wesen des Eigentums gründen.

Den Inhalt der in Betracht kommenden schweizerischen Prinzipien ist der Gemeinschaftsgedanke, der im „genossenschaftlichen Wesen" des deutschen Rechts wurzelt. Der Schutz der Gemeinschaft findet in den gesetzlichen Bindungen des Privatrechts, die dem Eigentümer auferlegt werden, seinen Ausdruck (a. a. O., S. 2.). Die Gesamtdarstellung geht von den wissenschaftlichen Vorarbeiten, insbesondere dem Vorentwurf von *Eugen Huber,* aus. Dieser erläutert die vielerörterte Herrschaft in der Weise, daß eine Sache einer Person in dem Sinne eigen ist, „daß nach dem Rechte sein Wille für sie entscheidend ist, und zwar in der Gesamtheit ihrer Beziehung zu anderen" (a. a. O., S. 5.).

Im weiteren Verlaufe seiner Ausführungen setzt sich der zuerst Genannte mit dem sozialen Gehalt der Sachherrschaft, die an sich unbeschränkt ist, näher auseinander. Die oft erörterten Beschränkungen des Eigentums sind nicht aus diesem Begriff selbst zu entwickeln. Unter eingehender Begründung tritt Liver der sog. Immanenztheorie entgegen, denn es ist der Inhalt des Eigentums, der durch die verschiedenen Beschränkungen eingeengt wird.

In diesem Rahmen tritt die Einheitlichkeit des Eigentumsbegriffes im Grundstücks- und im Fahrnisrecht hervor. Den Abschluß bildet die rechtliche Natur der dinglichen Sachherrschaft. Hiermit im Zusammenhange stehen die Objekte der dinglichen Rechte und infolgedessen die Gesamtheit der körperlichen Gegenstände als Sachen. Im Vordergrunde befinden sich die Systeme, nach denen die Sachen rechtlich eingeteilt werden. Hervorgehoben wird, daß der größere Teil der Vorschriften des Sachenrechts nur auf körperliche Gegenstände anwendbar ist. Eine Sonderstellung nehmen hierbei die Naturkräfte ein, die das Gesetz nicht zur Sache macht (a. a. O., S. 13). Jedoch hebt der Genannte hervor, daß weder die Unterscheidung von körperlichen und nichtkörperlichen Sachen noch die Sonderung zwei verschiedener Eigentumsbe-

IV. Die Eigentumsordnung des schweizerischen Zivilgesetzbuches

griffe mit dem System des Sachenrechts in Einklang zu bringen seien (a. a. O., S. 15).

Unter dem Gesichtspunkt des Inhaltes des Eigentums wird sein rechtlicher Schutz behandelt, der durch die bekannten Rechtsbehelfe, wie z. B. die Klage auf Herausgabe der Sache und zur Abwehr ungerechtfertigter Einwirkungen, gegeben ist.

Nachdem der Verfasser das gemeinschaftliche Eigentum, insbesondere auch das Stockwerkeigentum erläutert hat, wendet er sich in ausführlichen Darlegungen dem *Grund-* und *Fahrnis*eigentum zu. Von praktischer Bedeutung sind besonders die Ausführungen über die grundbuchliche Eigentumsübertragung sowie den außergrundbuchlichen Eigentumserwerb.

Im Mittelpunkt stehen der Umfang der Liegenschaft als Gegenstand des Grundeigentums und seine Beschränkungen. Das letzte Kapitel dieser Einführung schließt mit dem Fahrniseigentum ab (S. 343 ff.).

Das dogmatische Schwergewicht ruht auf den Ausführungen über die Notwendigkeit eines abstrakten Eigentumsbegriffes. Dieser steht im Mittelpunkt der grundsätzlichen Untersuchung des Sachenrechts und der Dogmatik des Eigentumsbegriffes.

Hervorzuheben ist, daß die internationale allgemeine Literatur am Anfang des Werkes verzeichnet wird. Auch rechtshistorische und rechtsvergleichende Werke sind in großem Umfange angegeben.

In manchen Beziehungen wird auf das österreichische ABGB verwiesen, das von den dinglichen Sachenrechten (Besitz, Eigentum, Pfand) sowie in einem weiteren Abschnitt von den persönlichen Sachenrechten handelt (§ 307, 859 ABGB).

b) Eine viel beachtete Vorarbeit leistete *Bluntschli* (Das zürcherische Sachenrecht mit Erläuterungen, 3. Aufl., Zürich 1861). Diese Abhandlung ist für die Gestaltung der Wissenschaft und Gesetzgebung auf dem genannten Gebiet bekanntlich von großer Tragweite gewesen. Schon der erste Abschnitt „Von den Sachen" deutet dieses an. Vor dem „Eigentum" behandelt der Genannte den Besitz in seiner ganzen Variationsbreite. Dem Eingangskapitel folgt das „Eigentum an Liegenschaften" und ein weiterer Abschnitt „Vom Eigentum an beweglichen Sachen". In der Darlegung der beschränkten dinglichen Rechte (Regalien), Dienstbarkeiten, Reallasten kündigt sich bereits die entsprechende Systematik des schweizerischen Zivilgesetzbuches und des deutschen BGB an. Besonders sind die Beschränkungen des Grundeigentums behandelt (S. 194 ff.). Vorwegzunehmen ist allerdings die kritische Bemerkung, daß das ZGB auf eine Regelung des Rechtsinstitutes des Besitzes Verzicht geleistet hat. Die grundsätzliche Auseinandersetzung ist noch nicht abgeschlossen, weil die Frage, ob der Besitz dem Eigentum vorweggenommen werden soll, noch immer im Flusse der Erörterung und Beratung war.

c) Der bereits erwähnte *Eugen Huber* hat in Ansehung der Kodifizierung eine große Vorarbeit durch die systematische Zusammenstellung des seinerzeit in Geltung befindlich gewesenen kantonalen Privatrechts geleistet. Nach heutiger Anschauungsweise ist diese Darstellung von bleibendem Wert, nicht nur für die Erkenntnis der Geschichte, sondern auch der Rechtsdogmatik und Rechtspolitik gewesen und geblieben. Es handelt sich hierbei nicht nur um die Konstruktion von Systemen sachenrechtlicher Art, vielmehr auch um eine besondere Lehre des Eigentums und der beschränkten dinglichen Rechte. Im Mittelpunkt stehen der Inhalt und die Beschränkungen des Eigentums, besonders im Nachbarrecht. Die Arbeit greift über das Privatrecht insofern hinaus, als neben den Beschränkungen auch der Verlust des Eigentums, besonders durch Enteignung, erläutert wird. Mit seiner Gesamtdarstellung ist das Obligationenrecht der Schweiz eng verbunden.

2. Das Phänomen der Zivilrechtskodifikationen

a) Neuerdings ist in der Geschichte des genannten Phänomens der Doppelsinn erläutert worden, nämlich einerseits das kodifizierte *Recht*, andererseits das System der bedeutendsten Rechtsquellen (so besonders zuletzt *Caroni*, HRG II, S. 907). Auf die einzelnen Kodifikationsbilder, insbesondere das der Aufklärung und der Zukunft, ist hier nicht noch einmal einzugehen. Die sog. zweite Kodifikationswelle hat sich besonders dem deutschen BGB, dem spanischen Codigo civil (1889) und den kantonalen privatrechtlichen Gesetzbüchern der Schweiz zugewendet. Caroni betont, daß das schweizerische Zivilgesetzbuch weder ein Pandektengesetzbuch noch ein „germanisches Rechtsbuch" ist, vielmehr sei es ein Werk, das „mit Hilfe des gemeinrechtlichen Systems und gemeinrechtlicher Begriffe die Tradition zu erfassen und fortzubilden versucht". Darüber hinaus ist hinzuzufügen, daß die genannte Kodifikation im Zuge der Rechtserneuerung ein rechtspolitisches Anliegen erster Ordnung gewesen ist.

Die Auseinandersetzung dauert insofern noch an, als Kodifikationsversuche in anderen Ländern hierauf zurückgreifen, wobei zu bemerken ist, daß das Gesetzbuch vorübergehend sogar in der Türkei gegolten hat. In der Geschichte der Rechtsvergleichung wird auch hervorgehoben, daß das genannte Gesetzbuch zu einem Zeitpunkt beschlossen wurde, als sich fast alle Staaten eine eigene Kodifikation bereits gegeben hatten *(Zweigert/Kötz,* Einführung in die Rechtsvergleichung I, 1984, S. 205). Die Aufgabe war seinerzeit, einen Ausweg zu finden, insbesondere zwischen der Zentral- und

Ostschweiz. Zweigert/Kötz weisen in diesem Zusammenhang darauf hin, daß die Verschiedenheiten unter den lokalen Ausprägungen der Kantone, etwa im Bereich des Hypothekenrechts, behoben werden mußten.

Vom internationalen Standpunkt ergeben sich im Wege des Vergleiches mehrerer Gesetzbücher Anziehungspunkte des genannten Gesetzbuches, sowohl in seiner Vollständigkeit als auch der Bewegungsfreiheit im Rahmen der Anwendung weitgespannter Begriffe. Anzuerkennen ist, daß das ZGB durch die Formulierung der Begriffe die Möglichkeit einer gewissen Auslegungsfreiheit gewährt hat.

b) Im Rahmen der Privatrechtsgeschichte der Neuzeit hat besonders *Wieakker* das Schweizerische Zivilgesetzbuch im Rahmen der europäischen Rechtsfamilien eingehend gewürdigt. Die Stellungnahme bezieht sich nicht nur auf die Entstehungsgeschichte, sondern auch auf die Systematik und Dogmatik. In den letzten beiden Beziehungen kommt es dabei zu einem Vergleich des Schweizerischen Zivilgesetzbuches mit dem österreichischen ABGB und dem deutschen BGB. Hierbei tritt noch einmal das großartige Werk Eugen Hubers (1849-1922) ins juristische Allgemeinbewußtsein. Ihm wurde zuerst die Ausarbeitung von Teilen eines „Zivilgesetzbuches" übertragen, und zwar ohne das später bearbeitete Obligationenrecht. Die Entwürfe bezogen sich zuerst auf das Eherecht, Erbrecht und Grundpfandrecht. Später wurden sie zu einem Gesamtentwurf vereinigt. Im Jahre 1907 wurde das schweizerische Zivilgesetzbuch in dem umrissenen Umfange angenommen. Hingegen ist das revidierte „Obligationenrecht" erst 1911 hinzugefügt worden. Aber es blieb insoweit selbständig, als es nicht durch einen formellen Vorgang in das Zivilgesetzbuch eingefügt wurde. Infolgedessen blieb es beim Rechtsvergleich mit dem deutschen BGB vielfach außer Betracht.

Hervorgehoben wird in der Kritik, daß ein Allgemeiner Teil im Sinne des deutschen Bürgerlichen Gesetzbuches fehlt. Wieacker hat betont, daß die schweizerische Lösung der des BGB entschieden vorzuziehen sei. Das Fehlen des Allgemeinen Teils habe die Weiterbildung der allgemeinen Lehren des schweizerischen Privatrechts nicht sonderlich beeinträchtigt. Hingegen enthalte der Allgemeine Teil des deutschen BGB ein hohes Maß abstrakter Rechtsgestaltung. Das deutsche BGB umfasse in der Regelung der „Person" und „Sachen" keine allgemeinen Lehren im Sinne der Rechtstheorie. Außerdem habe die Aufnahme der Institutionen des Rechtsgeschäftes und des Vertrages in den A. T. mit der unvollständigen Darstellung des Schuldrechts erkauft werden müssen.

Bei dieser Gegenüberstellung findet das schweizerische System eine weitgehende Zustimmung, besonders was das Personenrecht und das Familienrecht angeht. Als Vorzüge werden herausgestellt: die lebendigen Traditionen sowie das volkstümliche Rechtsbewußtsein und die Steigerung der Verantwortung des Staatsbürgers für das nationale Recht.

c) Wie oben angedeutet, hat auch das schweizerische Sachenrecht durch die Art und Weise, wie die Eigentumsdogmatik nachhaltig entwickelt worden ist, eine vielfache Beachtung gefunden. Im einzelnen ist auf das internationale Schrifttum hinzuweisen.

Eine besondere Darstellung hat „Der öffentliche Glaube des Grundbuches nach dem schweizerischen Zivilgesetzbuch" gefunden *(Franz Jenny,* Bern 1926). In erster Linie treten das Wesen und der Begriff des öffentlichen Glaubens in Erscheinung, denn es soll die privatrechtliche Rechtslage der Grundstücke verlautbart werden. Es ist von einem Mittel die Rede, mit dessen Hilfe „in der Ordnung des einheitlichen Sachenrechts die dinglichen Rechte an Grundstücken hergestellt werden sollen". Es geht nicht nur um Klarheit und Deutlichkeit, sondern auch um den „öffentlichen Glauben" und seine Verläßlichkeit im Grundbuchverkehr. Dessen ungeachtet kann ein ungerechtfertigter Eintrag gegenüber dem bösgläubigen Dritten angefochten werden (Art. 973-76 ZGB). Die innere Berechtigung und Begründung für die Rechtfertigung des *öffentlichen* Glaubens und des Schutzes des *guten* Glaubens werden eingehend dargestellt, ebenso seine Grenzen. Der Publizitätsschutz wird, was seine Voraussetzungen angeht, offenbar.

Die Wirkungen des öffentlichen Glaubens des Grundbuches treten im einzelnen hervor (a. a. O., S. 64-137).

Das dritte Kapitel behandelt die Grenzen des Schutzes der Rechtsinstitution. In diesem Zusammenhange sind die Vormerkungen persönlicher Rechte und die Verfügungsbeschränkungen erwähnt. Am Ende erscheinen die Schutzmittel gegen die Gefahren des öffentlichen Glaubens des Grundbuches.

Es ist hinzuzufügen, daß die erwähnte dogmatische Schrift in der vergleichbaren deutschen Literatur einschränkungslose Anerkennung gefunden hat. Die Abhandlung hat das internationale sachenrechtliche Schrifttum zweifellos bereichert.

Zweiter Teil

Schrifttumshinweise

Baumann, Jürgen, Einführung in die Rechtswissenschaft, 8. Aufl., München 1989:

Hinweise auf das ABGB (1811) im Rahmen der Darstellung der Kodifikationen. „Von besonderem Einfluß war das BGB auch auf das *österreichische* bürgerliche Recht, dessen ABGB von 1811 nach 1900 im Wege der Novellengesetzgebung geändert wurde, vielfach in Richtung auf das BGB hin".

Brauneder, Wilhelm, Die Entwicklung des Ehegüterrechts in Österreich, Salzburg / München 1973:

„Bald jedoch verstärkt sich die Nutzungsbefugnis zum Eigentumsrecht: Statt einem Leibgedinge wird bereits die freie Verfügung zugesichert, die Heiratsgaben wie der Miteigentumsanteil des Vorverstorbenen werden dem Überlebenden zu Eigentum verschrieben. Diese Wandlung tritt gegen Ende des späteren Mittelalters ein" (a. a. O., S. 388).

Flossmann, Ursula, Österreichische Privatrechtsgeschichte, Wien / New York 1983:

„Dimensionen der österreichischen Privatrechtsgeschichte". „Die Entwicklung des österreichischen Privatrechts hat sich keineswegs isoliert in den engen Grenzen des heutigen Österreich vollzogen. Einerseits war es die langdauernde verfassungsrechtliche Zuordnung österreichischer Länder zum Hl. Röm. Reich Deutscher Nation (bis 1866) und sodann die völkerrechtliche Mitgliedschaft beim Deutschen Bund (bis 1866), die „unser Fach" in den größeren Rahmen der deutschen Privatrechtsgeschichte stellt; andererseits hat der weiträumige Rezeptionsvorgang auch bei uns so tiefe Spuren des *ius commune* (gemeines Recht) hinterlassen, daß von einer europäischen Rechtsidee in unserem Privatrechtssystem gesprochen werden kann ... Auf die Periode des *älteren Rechts* mit stark gewohnheitsrechtlichem Gepräge bis zum Ausgang des MA. folgt die *neuzeitliche Rechtsentwicklung,* die zu einer Verwissenschaftlichung und zunehmenden Systematisierung des Privatrechts führte" (a. a. O., S. 2).

Hattenhauer, Hans, Europäische Rechtsgeschichte, Heidelberg 1992, S. 539:

„Im Vergleich zu den Bayern waren die Österreicher glücklicher. Ihnen gelang im Jahre 1811 die Verabschiedung des „Allgemeinen Bürgerlichen Gesetzbuches für die österreichischen Erbländer". Es war nach dem Allgemeinen Landrecht der Preußen das zweite eigenständige Kodifikationswerk des deutschen Sprachraums. Es überlebte bis in die Gegenwart und verdankte dies der Tatsache, daß sich Österreich im Unterschied zu Preußen darauf beschränkte, das Privatrecht zu kodifizieren und alle verfassungsrechtlichen Normen aus dem Gesetzbuch grundsätzlich zu verbannen. Während sich die meisten Kodifikationspläne des Privatrechts bereits in der napoleonischen Zeit als „schwierig" erwiesen, war eine andere zukunftsträchtige Erneuerung des Privatrechts bereits auf dem Wege: die Anpassung des römisch-gemeinen Rechts an das bürgerliche Zeitalter. Dies war eine rein wissenschaftliche Aufgabe und ohne Gesetzgebungskommission und rechtspolitische Kompromisse lösbar. Es bedurfte dazu allerdings eines für die neuen Verhältnisse aufgeschlossenen und das Privatrecht souverän beherrschenden Gelehrten. Der fand sich in dem jungen *Anton Friedrich Justus Thibaut* (AD 1772-1840)".

Mitteis / Lieberich, Deutsche Rechtsgeschichte, 19. Aufl., München 1992, S. 449:

„Die 1815 versagte Nationalrepräsentation des gesamten deutschen Volkes erschien im Frankfurter Parlament 1848 Wirklichkeit werden zu wollen. Der Einspruch der Bundesstaaten, deren Interessen der Frankfurter Verfassungsentwurf vom Jahre 1849 fast vollständig überging, brachte ihn und das Frankfurter Parlament, hinter dem keine reale Macht stand, zu Fall".

„Das Scheitern der Paulskirche legte das Schicksal des deutschen Volkes erneut in die Hände der Fürsten. Der von preußischer Seite unternommene Versuch einer Rettung der Reichsverfassung ... ebenso wie die österreichischen Bemühungen um die Form der Bundesverfassung ... scheiterten am preußisch-österreichischen Dualismus".

Wesenberg, Gerhard, Neuere deutsche Privatrechtsgeschichte, Lahr/Schwarzwald 1976, S. 97:

„Das Reichskammergericht sollte bei seiner Errichtung zwar für das ganze Reich und damit auch für die österreichischen Gebiete zuständig sein, in der Praxis konnte es aber seine Jurisdiktion gegenüber den von Österreich geltend gemachten Exemtionsprivilegien nicht durchsetzen. Der Reichshofrat war bis zum Jahre 1637 in österreichischen Angelegenheiten tätig. Kirche und kanonisches Recht scheinen in Österreich im Mittelalter bei weitem nicht in jenem Maße beigetragen zu haben, wie etwa in Deutschland! . . . Die österreichischen Stadtrechte blieben bis in das 17. Jahrhundert im großen und ganzen deutschrechtlich, auf einigen Gebieten zeigten sich romanistische Einflüsse, so vor allem im Testamentsrecht, im Pfandrecht und im Verfahrensrecht. Eine noch näher zu untersuchende Sonderstellung nahm Wien ein".

Wieacker, Franz, Privatrechtsgeschichte der Neuzeit, Göttingen 1967:
„Wie sehr die Gesetzbücher der Zeit Ausdruck einer gesamtdeutschen Aufklärung waren, zeigt der Gleichlauf der österreichischen Kodifikation mit der preußischen. Auch hier entschied die Initiative großer Herrscherpersönlichkeiten (Maria Theresia, Joseph II)". „Auch das ABGB folgt dem naturrechtlichen System, doch ohne die weitgespannte politische Architektur des ALR. Denn auf die Einbeziehung des öffentlichen Rechts wollte es bei den tiefen historischen Unterschieden in der verfassungsrechtlichen Stellung schon der deutschen Erbländer von vornherein verzichten; es ist ein reines *Privatrechtsgesetzbuch* (bürgerliches Gesetzbuch). In 1502 Paragraphen handelt es in drei Teilen ab

I. Personenrecht

II. Sachenrecht (Vermögensrecht)   1. Besitz, Eigentum, Pfandrecht, Servituten, Erbrecht (als Vermögensrecht)

2. Verträge, Ehepacten (Güterrechtsverträge) u. Schadenersatz

3. Gemeinschaftliche Bestimmungen . . .".

I. Sachenrechtliche Grundbegriffe nach der österreichischen und deutschen Rechtsliteratur

1. Die österreichische Sach- und Besitzordnung

a) Im Anschluß an das obige Einführungskapitel werden in der nachstehenden Untersuchung weitere Grundbegriffe erörtert, insbesondere der Sachbegriff und der Besitz, später das Eigentum. Im Vordergrunde steht der Sachbegriff im Rahmen der sog. Sachordnung. Die bekannten Grundbegriffe sind die öffentlichen und privaten sowie die beweglichen und unbeweglichen Sachen. In diesem Rahmen werden auch teilbare und unteilbare sowie schätzbare und unschätzbare Sachen aufgeführt. Auf dieser Grundlage bauen sich die sog. „einfachen" Sachen und Sachverbindungen auf. Am Ende steht die Gliederung in Zubehör, Früchte und Gesamtsachen (so etwa *Koziol-Welser*, Grundriß des bürgerlichen Rechts II, 6. Aufl., Wien 1982).

Dieses System wird hier noch einmal angedeutet, weil es die österreichische Literatur aus naheliegenden Gründen im Rahmen der Darstellung des *Sachenrechts* darbietet. Es ist der Zusammenhang mit der „Sachordnung", die im Rahmen der Darstellung des deutschen bürgerlichen Rechts den Allgemeinen Teil des bürgerlichen Gesetzbuches vorwegnimmt. Auf eine Formel gebracht lautet der Zusammenhang „Sachordnung und Sachenrecht". Der Sachbegriff übersteigert sich bereits. Erst im Anschluß nach der Darlegung der Grundbegriffe folgt die Erläuterung des Besitzes und Eigentumsrechtes.

Was den Besitz anbetrifft, so wird eine lange Reihe von Differenzierungen vorweggenommen, nämlich Sachbesitz, Rechtsbesitz, Buchbesitz, Teilbesitz und Mitbesitz sowie qualifizierter Besitz. Die letztgenannte Gruppe gliedert sich in rechtmäßigen und unrechtmäßigen sowie redlichen und unredlichen, ferner echten und unechten Besitz. Die Vorstellung eines rechtlichen Besitzes gründet sich auf die Qualifikation „Rechtmäßigkeit, Redlichkeit und Echtheit" (§ 1466 ABGB). Es entsteht hierbei die Vorstellung eines Besitz*rechtes* (a. a. O., S. 20).

Im Schlußkapitel behandeln die Verfasser die rechtliche Bedeutung des Besitzes besonders, und zwar unter den Gesichtspunkten der Rechtsscheinwirkung, der Selbsthilfe und des gerichtlichen Besitzschutzes. Hinzu kommt die Klage aus dem rechtlich vermuteten Eigentum. Die Eigentumsvermutung führt im weiteren Zusammenhang zum Eigentumsrecht.

b) Am Anfang stehen jetzt der Begriff und Inhalt sowie die Arten des *Eigentums*. Einteilungsgesichtspunkte sind u. a. die nachbarrechtlichen Beschränkungen des Eigentums sowie Veräußerungs- und Belastungsverbote.

Im weiteren Aufbau treten der Erwerb des Eigentumsrechts und die einzelnen Arten des Erwerbes hervor, insbesondere: Zueignung, Fund und Zuwachs. Im Mittelpunkt steht der abgeleitete Erwerb (einschließlich des sog. gutgläubigen). Es handelt sich im letzten Falle darum, daß ein Dritter eine Sache gutgläubig vom Nichtberechtigten erwirbt. Am Ende stehen die gesetzlichen Erwerbsarten, nämlich die Ersitzung, die Enteignung, der Zuschlag in der Zwangsversteigerung und der Erbgang.

Zuletzt folgt der Schutz des Eigentums, gegliedert in die Eigentumsklage und die Eigentumsfreiheitsklage.

Erst jetzt erscheint die bedeutsame Institution des Grundbuches, verbunden mit den Grundsätzen des Grundbuchrechts. Im 6. Kapitel ff. sind die beschränkten dinglichen Rechte aufgeführt, besonders das Pfandrecht und die Dienstbarkeiten.

Die vorstehende Gliederung deckt sich weithin mit der des deutschen Sachenrechts, jedoch mit dem wichtigen systematischen Unterschied, daß dort die Sachordnung fehlt, weil sie im Allgemeinen Teil untergebracht ist (zu dem System des Sachenrechts s. neuerdings *Peter Bydlinski*, Grundzüge des Privatrechts, Wien 1991, S. 79 ff.). Die Gliederungsgesichtspunkte der beiden Zusammenfassungen decken sich in den wesentlichen Punkten.

In die vorstehende Aufstellung ist noch einzufügen: *Herbert Hofmeister*, Die Grundsätze des Liegenschaftserwerbes, Wien 1977. Es geht hierbei um die österreichische Privatrechtsentwicklung seit dem 18. Jahrhundert. Ausgangspunkt sind „Der Entwurf Martini und das Westgalizische Gesetzbuch sowie das Allgemeine bürgerliche Gesetzbuch". Die Arbeit behandelt u. a. die Tabularrechtsgesetzgebung, zum Teil im Zeichen der Besitzauffassung Savignys, außerdem die Lehre vom dinglichen Vertrag und Tabularrecht, unter Hinwendung zu den Theorien Randas und Strohals. Am Ende steht der Streit um das Eintragungsprinzip in der neueren österreichischen Rechtsentwicklung.

2. Das deutsche Sachenrecht

a) *Fritz Baur / Jürgen Baur*, Lehrbuch des Sachenrechts, 15. Aufl., München 1989:

Der erste Abschnitt legt in einer Einführung die Bedeutung des Sachenrechts im Zusammenleben der Menschen dar und untersucht die Verschiedenartigkeit von Liegenschaftsrecht und Fahrnisrecht. Hierbei kommt die Stellung des Sachenrechts in der Rechtsordnung zum Ausdruck. An dieser Stelle werden bereits die Grundbegriffe der Materie erläutert.

Auf der Basis von Strukturprinzipien beginnt unmittelbar die Darstellung des Besitzes, der der gesetzlichen Reihenfolge gemäß vorangestellt wird. Zunächst geht es um die verschiedenartigen Funktionen und Arten des Besitzes, sodann um die Regelung der Besitzverhältnisse nach der sozialen Einordnung der Beteiligten. Hierbei treten in Anlehnung an die historischen Abstufungen der Besitzer und Besitzdiener hervor. Außerdem werden der Alleinbesitz und Mitbesitz unterschieden. Hinzu treten Besitzarten nach der Willensrichtung der Beteiligten. Im Mittelpunkt stehen die Besitzarten nach dem Grade der Sachbeziehung (unmittelbarer und mittelbarer Besitz, S. 50 ff.). Am Ende des Kapitels ist die Rede vom Besitzschutz, in erster Linie vom Gewaltrecht des unmittelbaren Besitzers. Das Kapitel schließen die Besitzschutzansprüche und die petitorischen Rechte ab. Ein allgemeines Kapitel behandelt den Schutz der dinglichen Rechte im privaten und öffentlichen Recht. Erst nach dieser umfangreichen *besitzrechtlichen* Einleitung kommt das Liegenschaftsrecht, an der Spitze das Grundbuchrecht, zur Sprache.

Der Besitz ist in viele systematische und dogmatische Darlegungen eingefügt, insbesondere in die Lehre vom Eigentum.

De lege ferenda stellt sich die Frage, ob die Einrichtung des Besitzes in Zukunft dem Gesamtaufbau der Materie noch vorangestellt und ob er überdies im weiteren Aufbau (vgl. § 1007 BGB) immer wiederum als begriffliches Merkmal verwendet werden soll. Der Verfasser der vorliegenden Darlegungen hat bereits mehrmals den Standpunkt eingenommen, daß der Besitz gleichsam die deutschrechtliche Vorstellung der Gewere fortsetzt, aber auch die gemeinrechtliche Lehre des römischrechtlichen Besitzbegriffes. Durch diese Anhäufung ist hier die gesamte Besitzlehre hypertrophiert worden, weshalb im Laufe der Zeit ein Abbau erfolgen sollte. Schwerer wiegt der Einwand, daß die Besitzlehre der Eigentumsdogmatik *voran*gestellt und auf diesem Wege die Grundbuchverfassung zurückgesetzt wird. Deshalb wird der Vorschlag wieder aufgegriffen, nicht den Besitz, sondern das Eigentum, und zwar das Grundeigentum, und damit auch die Auflassung der Grundstücke voranzustellen. Dies geschieht im Hinblick auf die soziale und wirtschaftliche Tragweite des *Grundeigentums* und seiner rechtlichen Ordnung innerhalb des Sachenrechts.

Der Besitz verliert auf diese Weise seine bisherige hervorragende Stellung als ersten Platz des sog. Sachenrechts. Das Grundbuch tritt hervor. Baur behandelt das Eigentum an Grundstücken erst im 3. Kapitel, nachdem er allerdings das Grundbuch und die Rechtsänderungen an Grundstücken im 1. und 2. Kapitel ausführlich dargelegt hat. Der Darstellung kommt zugute, daß der Bearbeiter auf dem Gebiete des Grundstücksrechts und der Grundbuchordnung über hervorragende theoretische Kenntnisse und praktische Erfahrungen verfügt. Dies bezieht sich sowohl auf die Buchungsvorgänge und den Rang der Grundstücksrechte als auch auf das „unrichtige" Grundbuch. So erklärt es sich ferner, daß die Rechtsänderungen an Grundstücken gleichsam den Schwerpunkt der gesamten Bearbeitung darstellen.

Vertieft wird das Ganze dadurch, daß typisierte Sonderformen des Grundeigentums und im Anschluß Nutzungs- und Sicherungsrechte an Grundstücken systematisch entwickelt werden.

Gegenstand des IV. Abschnittes ist das Fahrnisrecht, das wiederum vom Eigentum her sowie von den Nutzungs- und Sicherungsrechten entwickelt wird. Gewissermaßen kommt es zum zweiten Aufbau der Systematik. Ein Nachtragsabschnitt behandelt die Rechte an Rechten, so z. B. das Pfandrecht.

Ein Verzeichnis der Übersichten und ein Anhang (Muster und Formulare) runden das Werk ab.

Im Gesamtrahmen des bürgerlichen Gesetzbuches erscheint das *Sachenrecht* immer noch als eine „Verlängerung" der *Sachordnung*, die im Allgemeinen Teil des BGB niedergelegt ist. Inzwischen hat sich die Gesamtbeurteilung des Wertes und der Ausstrahlungskraft dieser Rechtsmaterie verschoben und erhöht. Es wird heute schon vielfach statt vom Sachenrecht vom *Eigentumsrecht* gesprochen; und zwar vom Eigentumsrecht im objektiven Sinne, das im begrifflichen Gegensatz zum Eigentum im subjektiven Sinne als dem Recht des Einzeleigentümers steht.

Die rechtssystematische Folge ist, daß die Überschrift „Sachenrecht" entfällt, und an diese Stelle das Wort *„Eigentum"* tritt, und unter dieser Titelüberschrift der Begriff „das Eigentumsrecht" steht, von dem sich die beschränkten dinglichen Rechte ableiten.

Zu erinnern ist daran, daß die meisterhaften Arbeiten von Baur und Westermann bereits oben unter dem Gesichtspunkt des Eigentumsrechts erörtert worden sind, wie dies auch für das Werk von Wolff / Raiser gilt, das überhaupt das Fundament aller deutschen Bearbeitungen dieser Rechtsmaterie ist.

b) *F. Endemann*, Lehrbuch des Bürgerlichen Rechts II, Erste Abteilung, Sachenrecht, Berlin 1905.

Bei der Auswahl der Literatur kann an dem älteren Schrifttum nicht vorbeigegangen werden. Vor allem ist es das Lehrbuch von Endemann, 8. Aufl. II, Sachenrecht gewesen, das beachtenswerte Grundlagen geschaffen hat. Ausgangspunkt ist die Vorstellung, daß das Sachenrecht des BGB auf dem Grundgedanken des Sondereigentums an dem zur Befriedigung menschlicher Bedürfnisse dienenden Sachgütern aufgebaut ist. Hierin liegt bereits die Vorstellung der Sachordnung. „Das Sondereigentum als die die Sache in der Gesamtheit aller Rechtsbeziehungen umfassende Einzelherrschaft bildet nicht die einzige Rechtsform, in der die Sachgüter den menschlichen Bedürfnissen nutzbar gemacht werden" (S. 1). Es wird sodann dargelegt, warum einzelne, den verschiedenartigen Zwecken angepaßte *begrenzte Rechte* an fremden Sachen entwickelt werden (a. a. O.). Im Gegensatz zur Typenfreiheit besteht hier der „numerus clausus". Das Privateigentum dient zur Befriedigung der persönlichen Freiheit und Anpassung sowie der selbstbestimmenden Arbeitstätigkeit des einzelnen Rechtssubjektes.

Hinzugefügt wird, daß das BGB inhaltlich über den strengen Sachbegriff hinausgreift; an dieser Stelle ist von Rechten an körperlichen Sachen und Rechten an Rechten die Rede.

Nach Endemann beruht die Absonderung eines selbständigen Rechtsgebietes auf der Anerkennung der selbständigen Bedeutung, die der befriedeten Sachherrschaft gebührt. An dieser Stelle kündigt sich bereits der Besitztatbestand an, mit dem später die Eintragung in das Grundbuch verglichen und gleichgewertet wurde. Das Rechtszeichen bestätigt den kundbaren Rechtsstand, auf den der Dritte vertraut.

Die subjektiven Sachenrechte werden von der Rechtsordnung anerkannt, um die befriedete Sphäre des einzelnen Rechtssubjekts über die Sache zu schützen.

Die dingliche Grundlage fordert einen allseitigen Rechtsschutz, worauf sich die Vorstellung von absoluten Rechten gründet. Das begriffliche Wesensmerkmal eines dinglichen Rechts ist die von der Rechtsordnung anerkannte körperliche Gewalt, die das Objekt unmittelbar ergreift (a. a. O., S. 12).

Im Anschluß an die grundlegende Dogmatik werden die Gegenstände der Sachenrechte und die der *Privat*herrschaft unfähigen Sachen erörtert. Als Beispiele der letzten Kategorien werden die öffentlichen Sachen angeführt.

Am Ende stellt der erwähnte Verfasser „allen anderen körperlichen Sachen" dem menschlichen Körper gegenüber, und zwar im Anschluß an die römische Auffassung, daß der Mensch an seinem lebenden Körper Eigentum habe. Es ist die Rede von einer Verbindung von Seele und Körper zu einem lebendigen Organismus. Hierin wurzelt der Rechtsschutz der körperlichen Integrität. In diesem Zusammenhang deutet Endemann bereits die Persönlichkeitsrechte an. Jedoch ist nach dem geltenden Recht der Körper des Menschen keine Sache. Deshalb verbieten auch die guten Sitten jede dingliche Verfügung hierüber (a. a. O., S. 21).

Hervorzuheben ist der Satz, daß aus der körperlichen Unversehrtheit keine Folgerungen gezogen werden dürfen „auf die Rechtsnatur der angeborenen Herrschaft über die dem eigenen Körper innewohnenden geistigen und physischen Kräfte".

Im weiteren Verlauf der Darstellung werden die Arten der Sachenrechte systematisch auseinandergesetzt, und zwar nach dem Prinzip des gesetzlich geschlossenen Systems der dinglichen Rechte. Interessant ist die Darstellung des Ranges der Sachenrechte, an dessen Spitze das Vollrecht steht. Jedes begrenzte, dingliche Recht beschränkt das Vollrecht des Eigentums. Die nachfolgenden Ausführungen befassen sich mit der Rangordnung der Rechte an Grundstücken. Die Rechtsordnung gewährleistet dem Eigentümer eine grundsätzlich unverletzliche Herrschaft, jedoch ist der Eigentumsinhalt gemäß weiteren Darlegungen im Interesse der Volksgesamtheit eingeschränkt (zu dieser Problematik s. a. a. O., S. 437).

I. Sachenrechtliche Grundbegriffe

c) *Helmut Coing,* Europäisches Privatrecht, Band II, 19. Jahrhundert, München 1989:

Die obige Abhandlung entwickelt in dem weiten europäischen Rahmen des Privatrechts die rechtsdogmatischen Grundlagen des Sachenrechts, insbesondere die neueren Veränderungen der Grundauffassungen. Hierdurch gewinnen wir sowohl einen Überblick über die Wandlungen des Eigentumsbegriffes als auch darüber hinaus über den Werdegang des Sachenrechts, das während des 19. Jahrhunderts in vielfacher Weise verändert worden ist.

Ursprünglich hatte sich die Rechtsmaterie im Zusammenhang mit der Verfassung des Ancien Régime entwickelt (S. 367). Der Rahmen war die ständisch gegliederte Gesellschaft mit ihren sozialen Abhängigkeiten. Die Veränderungen traten, besonders in Frankreich, zur Zeit der Revolution und der nachrevolutionären Entwicklung ein (Revolutionsverfassung).

Coing hebt hierbei hervor, daß die einzelnen Zivilgesetzbücher, angefangen mit dem Code civil, an der Vorstellung der dinglichen Rechte als eines „numerus clausus" festhalten.

Die weitere Darstellung knüpft an den Sachbegriff und die verschiedenen Arten der Sachen an. Im Zeitalter des Naturrechts erläutern die Kodifikationen, z. B. das österreichische ABGB, dahin, daß alles, was von der Person unterschieden ist, vorausgesetzt, daß es dem Gebrauche der Menschen dienlich ist, rechtlich als Sache angesehen wird. Dieser Sachbegriff ist so weit gefaßt, daß Sache im Rechtssinne alle Objekte sind, die Gegenstände eines Rechts sein können, seien sie körperlich oder unkörperlich. Demgegenüber hatte die Pandektistik einen Sachbegriff zugrundegelegt, der sich nur auf körperliche Dinge erstreckte. Das schweizerische Zivilgesetzbuch und das deutsche BGB räumen dem Gesetzgeber die Möglichkeit ein, „unkörperliche Gegenstände wie Sachen zu behandeln" (a. a. O., S. 369). Im einzelnen kann an dieser Stelle auf die Sachordnung nicht noch einmal eingegangen werden.

Im Anschluß wird das Besitzrecht in den naturrechtlichen Kodifikationen und im deutschen BGB, das von den Lehren der Pandekten ausgegangen ist, dargestellt. Hervorgehoben wird hierbei die Unterscheidung in „unmittelbaren" und „mittelbaren" Besitz. Beide Besitzarten unterstehen dem gesetzlichen Besitzschutz, und zwar sowohl bezogen auf bewegliche als auch unbewegliche Sachen.

Am Ende wird die Besitzlehre mit der Eintragung in das Grundbuch verglichen: der Besitzer wird gegen verbotene Eigenmacht geschützt. Im Rahmen des Grundstücksverkehrs nimmt die Eintragung die Position einer „Rechtsvermutung" ein.

Innerhalb der Eigentumslehre entwickelt sich zuerst das Sacheigentum in einem engeren Sinne des Wortes. Hervorgehoben wird später, daß sich das Eigentum auch im Urheber- und Patentrecht entfaltet, so daß die Vorstellung eines „geistigen Eigentums" aufkommt.

Was den allgemeinen Inhalt des Eigentums anbetrifft, so umfaßt er einerseits die tatsächliche Nutzung, andererseits die rechtliche Verfügung.

Ältere Rechtsformen, die sich z. B. im Lehnrecht oder im bäuerlichen Leiherecht entwickelt hatten, werden nunmehr in privates Eigentum eingekleidet, was in Frankreich schon zur Zeit der Revolution geschehen war (s. hierzu a. a. O., S. 384, wo bei dieser Gelegenheit darauf hingewiesen wird, daß das Eigentumsrecht trotz seines absoluten Charakters schon damals öffentlichrechtlichen Beschränkungen unterlag). Im Rahmen des Privatrechts engen nachbarrechtliche Vorschriften das Eigentum ein.

Ein umfangreiches Kapitel stellt der Erwerb des Eigentums dar, sei es ursprünglich oder abgeleitet.

Einen gewissen Höhepunkt bildet das Vertragsprinzip im französischen Recht (Code civil, art. 711). Nach dieser Rechtsordnung geht das Eigentum an der Kaufsache bereits mit dem schuldrechtlichen Vertrag über. Das Schlußkapitel behandelt den Erwerb von Nichtberechtigten und den Verkehrsschutz (§ 73). Hieran knüpft sich eine Kritik des Verfassers.

II. Die Sach- und Eigentumsordnung nach schweizerischem Recht

Berner Kommentar, Schweizerisches Zivilgesetzbuch, Das Sachenrecht, Erste Abteilung, erläutert von Dr. *Arthur Meier-Hayoz,* Professor an der Universität Zürich, 5. Auflage, Berlin 1981, S. 68 ff.

Der Obenerwähnte hatte in seinem Werk das Rechtsgebiet des Sachenrechts in einem Teilband eingehend erläutert, woraufhin der Verfasser der vorliegenden Abhandlung bereits in einer früheren Arbeit mit dem Titel „Schweizerisches Zivilgesetzbuch mit Obligationenrecht" 1994 hingewiesen hat.

Die vorliegende Schrift stellt die Sachen und andere Rechtsobjekte sowie den Begriff, Inhalt und Arten des Eigentums übersichtlich zusammen.

Im Vordergrund stehen die Prinzipien des schweizerischen Sachenrechts, die an dieser Stelle nicht noch einmal aufgeführt werden. Der Zweite Abschnitt behandelt die Sachen und andere Rechtsobjekte. Im Anschluß werden die dinglichen Rechte und die Realobligationen nach schweizerischem Recht

II. Die Sach- und Eigentumsordnung nach schweizerischem Recht

zusammengestellt. Daran anschließend folgen der Inhalt und die Arten des Eigentums sowie die Eigentumsgarantie und die Enteignung.

Der Zweck der vorliegenden Abhandlung ist vor allem, den systematischen und inneren Zusammenhang zwischen der Sachordnung und Eigentumsordnung herzustellen, weil diese Kombination die Aufgabe und das Ziel an dieser Stelle ist.

Meier-Hayoz geht von der Notwendigkeit einer Begriffsumschreibung des Eigentums aus. Insbesondere bezieht er sich auf Rechtsordnungen mit einem *weiten* Sachbegriff und einem entsprechenden Eigentumsbegriff. Jedoch genügt ihm eine formale Begriffsumschreibung nicht.

„Beim Eigentumsrecht, als Manifestation der Privatautonomie, ist ... stets vom Grundsatz der Freiheit des Berechtigten auszugehen, rechtlich und tatsächlich über die Sache verfügen zu dürfen. Gegenüber diesem Wesenskern erscheint alles, was die Verfügungsfreiheit einengt, als Beschränkung".

Auf die dogmatische Bedeutung der Eigentumsbeschränkungen geht der Genannte folgendermaßen ein. Nach seiner Ansicht läuft es auf dasselbe hinaus, ob ein bestehender Eingriff als „Inhaltsbestimmung" oder als Beschränkung des Eigentums bezeichnet wird. „In einem weitesten Sinn sind Eigentumsbeschränkungen alle Schranken des objektiven Rechts und alle Belastungen durch subjektive Rechte anderer". Wesentlich ist, daß sie das grundsätzlich freie Belieben des Eigentümers *einengen*. Hierbei spielt es keine Rolle, ob die Beschränkungen, privatrechtlich oder öffentlichrechtlich, gesetzlich oder gewillkürt sind (Rdz. 339 ff.). Hervorgehoben wird, daß im allgemeinen unter Eigentumseinschränkungen nur die durch die Rechtsordnung aufgestellten verstanden werden. Unter dem Grundsatz der Elastizität des Eigentums wird verstanden, daß Rechte Dritter an derselben Sache dem Eigentümer gegenüber insoweit den Vorrang haben, als ihre Wahrnehmung durch die Ausübung des Eigentums beeinträchtigt oder gefährdet würde (Rdz. 346).

Selbstverständlich ist, daß die Vermutung für die Freiheit des Eigentums spricht. Dieses Recht wehrt daher jede Fremdeinwirkung auf Grund seiner Rechtsnatur ab, „bis ein anderer die Berechtigung nachgewiesen hat". Die Vermutung spricht also für die Freiheit des Eigentums. Diese Konsequenz ist unabhängig von dem angedeuteten Meinungsstreit. Ein Dritter muß gegebenenfalls sein behauptetes Recht zum Eingriff nach allgemeinen Grundsätzen nachweisen.

Ein hervorragender Abschnitt betrifft die Arten des Eigentums, nämlich die des Alleineigentums und gemeinschaftlichen Eigentums, deren Unterscheidungsformen, nämlich Eigentum mit und ohne Quotenteilung, auseinandergesetzt werden. Im Falle des Gesamteigentums findet die Ausübung des Rechts nicht nach Quoten wie beim Bruchteilseigentum statt, sondern gemäß der üblichen Ausdrucksweise zur gesamten Hand, d. h. gemeinsam.

Am Schluß dieses Abschnittes finden sich weitere Einteilungen, und zwar in Ober- und Untereigentum, Individualeigentum und Kollektiveigentum (Rdz. 356).

Die Gesamtsystematik des Sachenrechts betrifft die Gliederung in *Grund*eigentum und *Fahrnis*eigentum. Was die Institution des Grundbuchs angeht, so unterscheidet der genannte Verfasser das sog. „bücherliche" und „außerbücherliche" Eigentum. Hervorgehoben wird, daß das „Bucheigentum" nicht als Eigentum im rechtlichen Sinne angesehen werden darf. Das Beispiel lautet: „Wenn ein gutgläubiger Dritter vom Eingetragenen Eigentum erwirbt, so beruht das lediglich auf dem öffentlichen Glauben des Grundbuches".

Unter Ziffer 7 dieser Reihenfolge wird das sog. geistige Eigentum hervorgehoben, das unlängst in Deutschland gegenüber der früheren Zeit mehr und mehr in den literarischen Vordergrund getreten ist. Im Prinzip erstreckt sich der Eigentumsbegriff nach schweizerischem Recht im wesentlichen auf körperliche Gegenstände. Soweit die „immaterialen" Güter besonders geschützt sind, etwa durch Urheber- und Erfinderrechte, gewähren diese nur eine eigentumsähnliche Herrschaft, stellen sich indes in solcher Gestalt nicht als dingliche Rechte im Sinne des Sachenrechts dar. (Verwiesen wird auf *Alois Troller*, 2 Bände, Basel 1968-71.)

Am Ende dieser Darstellung werden noch das wirtschaftliche und das öffentliche Eigentum besonders behandelt.

Im Fünften Abschnitt dieser Gesamtdarstellung wird die Garantie des Eigentums nach schweizerischem Recht erläutert, und zwar einerseits als „Institutsgarantie", andererseits als „Eigentumsgarantie".

Was den verfassungsrechtlichen Schutz des Eigentums angeht, so bezieht er sich einerseits auf das in seinem Wesensgehalt nicht antastbare Institut der Rechtsordnung überhaupt (Gewährleistung des Eigentums als einer Rechtseinrichtung). Andererseits betrifft die Bestandsgarantie eine bestimmte Eigentumsposition, die sich auf den Besitzstand des *Individuums* bezieht. (Zu den Adressaten der Bestandsgarantie s. III, S. 187, Rdz. 462, wo bemerkt wird, daß die Eigentumsgarantie Vermögensrechte vor staatlicher Beeinträchtigung schützt.) Dieses System greift auf Erscheinungsformen des öffentlichen Rechts über. Der gegenwärtige Stand und künftige Entwicklungen werden auf Seite 213 ff. erläutert, und zwar besonders im Hinblick auf die *Entschädigungs*frage.

Das Enteignungsrecht wird in diesem Rahmen einer eingehenden Erörterung unterzogen, insbesondere im Hinblick auf die Verpflichtung zur Entschädigung des Eigentümers. Am Ende treten sich die formelle und materielle Enteignung gegenüber.

Besonderer Hervorhebung bedarf der Abschnitt, der dem Schutz des Privateigentums im Völkerrecht und im internationalen Privatrecht gewidmet ist. Die erste Überschrift lautet „Der überstaatliche Eigentumsschutz"; die zweite „Das Washingtoner Finanzabkommen von 1946 und seine Ablösung". Die dritte Überschrift bezieht sich auf „Besondere Entschädigungsabkommen mit Ostblockstaaten und Ländern der Dritten Welt".

Der III. Teil erstreckt sich auf den internationalen-privatrechtlichen Schutz des Eigentums. Eine besondere Rolle spielen die formellen und materiellen Grenzen der Anerkennung ausländischer Enteignungen (Rdz. 722 ff.).

In diesem Rahmen bedarf der Achte Abschnitt „Internationales Privatrecht" besonderer Hervorhebung; vor allem die am Anfang aufgeführte Literaturübersicht, innerhalb derer zahlreiche Publikationen, besonders aus dem schweizerischen sonstigen und deutschsprachigen Recht, angeführt sind.

Im Interesse der Gesamtübersicht liegt die Systematik des dem Sachenrecht gewidmeten Vierten Teiles der ZGB (Eigentum, beschränkte dingliche Rechte, Besitz und Grundbuch, Art. 641-977 ZGB).

III. Die sachenrechtliche Dogmatik im französischen Recht

Der *Code civil* ragt in der Kodifikationsgeschichte der Neuzeit aus oft erörterten Gründen hervor. Er erscheint im Kodifikationsbild der Aufklärung wie auch das österreichische Allgemeine Bürgerliche Gesetzbuch. Das *naturrechtliche* System verband sich in der Zeit der Aufklärung mit dessen Rechts- und Staatstheorie (zuletzt *Caroni*, HRG II, Sp. 913). Es handelte sich hierbei um die erste Kodifikationswelle, die auch die übrigen naturrechtlichen Gesetzbücher umfaßte. Die zweite Kodifikationswelle enthielt besonders das deutsche und schweizerische Bürgerliche Gesetzbuch bzw. Zivilgesetzbuch. Das rechtsvergleichende Schrifttum hat in diesem Rahmen und Zusammenhang dem *französischen* Gesetzbuch gleichsam eine *führende* Position eingeräumt.

Das genannte Gesetzbuch stand am Anfang seiner Geltung in einer Reaktion gegen die französische *Revolution*. Im Laufe der Zeit hat die Kodifikation bekanntlich nach der Auseinandersetzung mit der Aufklärung eine eminente internationale Ausstrahlungskraft gewonnen *(Zweigert / Kötz* I, § 7). Im Bereich der sachenrechtlichen Dogmatik ist der Sprachgebrauch uneinheitlich, weil zum einen vom Eigentum, zum anderen vom Vermögen die Rede ist. Es geht dabei um den vielgestaltigen Begriff „bien", der im Sprachgebrauch „droit des biens" verwendet wird. Die rechtsvergleichende Literatur *(Ferid / Sonnenberger, Das Französische Zivilrecht* II, 2. Aufl., 1986) hat darauf hingewiesen, daß „das *Fehlen des Sachenrechts* in der gesetzlichen Ordnung auf die Dogmatik und Systematik eingewirkt hat". Wesentliche sachenrechtliche Aspekte werden bereits im Vertragsrecht erörtert, und zwar besonders an der Stelle, wo der Übergang des Eigentums bereits an den Kaufvertrag geknüpft wird. Der obligatorische und dingliche Bereich werden bekanntlich nicht auseinandergehalten. Der Begriff „biens" bezieht sich sowohl auf körperliche als auch auf nichtkörperliche Vermögenswerte (s. hierzu im einzelnen *Sonnenberger,* a. a. O., 3 A 8). Der Genannte formuliert „Anstelle eines *Sachenrechts* gibt es ein Recht der Sachen *(des biens)*".

IV. Bibliographische Überleitung

Zwischenbemerkungen zu den Schrifttumsangaben und dem Literaturverzeichnis

Die vielgestaltige Bearbeitung der Literatur, die im Laufe der Zeit zum Recht und den Rechtsverhältnissen des Eigentumsbegriffes ergangen ist, gibt zu folgenden Bedenken Anlaß, denen der Verfasser an dieser Stelle seiner Darlegungen Raum geben möchte. Die einstige Methode, dieses Recht in seiner sachgemäßen Systematik zu beschreiben, mithin in dem engen Rahmen der Eigentumsordnung, ist im Laufe der Zeit nach und nach anderen Methoden gegenüber zurückgetreten. Bekanntermaßen haben sich außer den sachenrechtlichen Normen rechtliche Bestimmungen aus anderen Gebieten der Rechtsordnung gefunden, z. B. aus dem Wirtschafts-, Staats- und Verwaltungsrecht. Hinzu kommen weitere Materien aus dem philosophischen und soziologischen Bereich. Nicht zuletzt haben sich die Rechtspolitik und die allgemeine Politik der Sache, d. h. der Eigentumsordnung unter verschiedenen Zielsetzungen, insbesondere rechtspolitischer Art, angenommen.

Infolgedessen ist, wie bekannt, das in Rede stehende Schrifttum derart angewachsen, daß es kaum noch übersehbar erscheint.

Der Verfasser versucht hier, eine rückläufige Entwicklung anzubahnen, d. h. zu den ursprünglichen, systematisch und dogmatisch orientierten Bearbeitungen zurückzukehren, die einst als klassisch galten, so z. B. in der römischrechtlichen Darstellung.

IV. Bibliographische Überleitung

Im Laufe der Zeit ist der Eindruck entstanden, als habe sich der eigentumsrechtliche Vorstellungskreis nicht nur methodologisch, sondern auch substantiell erweitert, und zwar in einem Maße, daß er im Rahmen einer Monographie nicht mehr überschaubar ist.

Die Motivationen liegen oft im außerrechtlichen Bereich, so etwa wenn aus wirtschaftlicher oder sozialer Sicht Vorstöße gegen das Eigentumsrecht unternommen werden, die sich gegen den vermeintlich individualistischen Charakter des genannten Rechts richten. Nicht selten kommen die Angriffe aus anderen Rechtsgebieten, wie z. B. dem Aktienrecht, und zwar dergestalt, daß das Gesellschaftsvermögen als Eigentum der Aktionäre in vereinfachter Denkform angesprochen wird.

Grundsätzlich betrachtet, liegen den Staatswesen unterschiedliche rechtliche Ausprägungen des Eigentumverständnisses zugrunde. Im Rahmen der Diskussion des verfassungsrechtlichen Eigentumsbegriffes, welcher sich in westlichen Demokratien „als Verfassung der Freiheit" manifestiert, wird der Schutz des Privateigentums durch den Staat hervorgehoben. Eigentum wird als Möglichkeit personaler Verwirklichung in einem Verfassungsstaat mit privatwirtschaftlich ausgerichteter Eigentumsordnung und verfassungsrechtlicher Absicherung (Eigentumsgarantie) angesehen. Gleichzeitig wird hierdurch die Rolle des Eigentums (bzw. der Eigentumsrechte) als Garantie individueller Freiheit innerhalb demokratischer Rechts- und Gesellschaftsordnungen betont" *(I. Böbel,* Eigentum Eigentumsrecht und institutioneller Wandel, Berlin / Heidelberg / New York u. a. 1988, S. 257).

„Im Rahmen solcher Gedankengänge kommt es zu einer Trennung von Eigentum und Verfügungsgewalt und zur Anwendung des Vorstellungskreises der Rechtsform der Organe der Aktiengesellschaft. Die rechtspolitische Vorstellung ist, daß unter bestimmten Umständen die Eigentumsrechte der Aktionäre verdünnt werden, woraus sich die Folge ergibt, daß sich die Unternehmensleitungen „vom Interesse der Kapitaleigentümer" (a. a. O., S. 214) emanzipieren, und zwar aus egoistischen Zielsetzungen heraus".

Dritter Teil

I. Die Systematik des bürgerlichen Rechts

1. Der Plan eines systematischen Aufbaues knüpft auf der Grundlage der vorstehenden Ausführungen *unmittelbar* an das Eigentumsrecht an, das in der Mitte des Privatrechts steht. Von diesem Ausgangspunkt gesehen tritt das Personenrecht, das die Basis des gesamten Privatrechts bildet, auf den ersten Blick zurück, wird aber in diesem Aufbau als selbstverständliches Fundament vorausgesetzt. Ähnliches gilt für das Vertragsrecht, das gleichsam die zweite Stelle nach dem Personenrecht einnimmt.

Das *deutsche BGB* hat bekanntlich das *allgemeine* Vertragsrecht im Ersten Buch behandelt, die Erörterung aber in der Regelung des Rechts der Schuldverhältnisse fortgesetzt, so daß die Materie aufgegliedert ist. Demgegenüber wird vorgeschlagen, das Vertragsrecht als *ein Gebiet sui generis* zu entfalten. Die ursprüngliche weitläufige Ausbreitung der *Schuldverhältnisse,* die alle denkbaren Erscheinungen sowohl gesetzlicher als auch vertraglicher Art zusammenfaßt, fällt auf diesem Wege fort. Hierbei ist allerdings zu berücksichtigen, daß das Vertragsrecht künftiger Gestalt Einrichtungen des bisherigen Allgemeinen Teiles, wie z. B. den Abschluß des Vertrages, die Bedingungs- und Vollmachtslehre, übernimmt und unter dem Gesichtspunkt des Vertrages in einer allgemeinen Regelung zusammenzieht. Die Bezeichnung bringt bereits deutlich zum Ausdruck, daß vorerst nur vom Vertrage gehandelt werden soll, besonders was das Zustandekommen, die Abwicklung und Beendigung, vor allem unter dem Gesichtspunkt der Erfüllung angeht. Hiermit tritt ohne weiteres die problematische „Nichterfüllung" auf den Plan.

Als selbstverständliche Folge wird angesehen, daß das Recht der unerlaubten Handlungen aus diesem Bereich ausscheidet, weil es ohnehin im Personenrecht untergebracht werden wird. Gemeint ist damit eine *Ergänzung des Persönlichkeitsrechts,* das durch die Begehung des Deliktes unter Umständen verletzt ist. Zu erinnern ist hierbei an den Schutz der *Persönlichkeit nach schweizerischem Recht.* Nach *Art. 28 ZGB* kann derjenige, welcher in seiner Persönlichkeit widerrechtlich verletzt wird, zu seinem Schutze gegen jeden, der an der Verletzung mitwirkt, den Richter anrufen. Das Gesetz legt fest, daß eine Verletzung rechtswidrig ist, wenn sie nicht durch Einwilligung des

I. Die Systematik des bürgerlichen Rechts 43

Verletzten oder auf Grund des öffentlichen Interesses oder durch ausdrückliche gesetzliche Bestimmung gerechtfertigt ist.

Die Rechtsbehelfe sind folgende: Das Verbot einer drohenden Verletzung, die Beseitigung einer bestehenden Verletzung, schließlich die Feststellung der Rechtswidrigkeit einer Verletzung (Art. 28a, Ziffer 1-3 ZGB). Der Verletzte kann besonders verlangen, daß eine Berichtigung oder das Urteil selbst Dritten mitgeteilt bzw. veröffentlicht wird.

In dem vorliegenden Zusammenhang ist zu betonen, daß die Klagen auf *Schadenersatz und Genugtuung gemäß Art. 28a, III ZGB* vorbehalten bleiben. Das Gleiche gilt für die Herausgabe eines Gewinnes entsprechend den Bestimmungen über die Geschäftsführung ohne Auftrag. Eine besondere Vorschrift behandelt den Anspruch auf Gegendarstellung (Art. 28g ff. ZGB). Zu erwähnen ist in diesem Zusammenhang noch, daß das Recht auf den Namen geregelt wird, und zwar unter dem Gesichtspunkt des Namensschutzes und der Namensänderung.

Bemerkt mag noch werden, daß sich dem Aufbau des Gesetzes Bestimmungen anschließen, die den Anfang und das Ende der Persönlichkeit betreffen (Leben und Tod).

Außerdem sind in das System des Personenrechts Vorschriften über die Beurkundung des Personenstandes durch die Zivilstandsämter aufgenommen. Die Organisation der Zivilstandsämter ist in diesen Rahmen eingefügt, soweit es um die grundsätzliche Organisation geht.

In der Zusammenfassung ist hervorzuheben, daß das Personenrecht Normen betreffend die Rechtsfähigkeit, den Personenstand und die Unversehrtheit des Menschen in sich vereinigt. Nach dem vorstehenden Vorschlag ist beabsichtigt, das Deliktsrecht (§§ 823 ff. BGB) aus dem Schuldrecht herauszunehmen und in das Personenrecht hineinzulegen. Auf diesem Wege ändert das Personenrecht seinen bisherigen Status. Es betrifft nicht mehr nur die Rechts- und Geschäftsfähigkeit, sondern auch das Zivilstandsrecht und das Deliktsrecht, soweit sich die Schadenszufügungen als unerlaubte Handlungen einer Person darstellen. Die weitere Änderung besteht darin, daß überhaupt die Rechtseinrichtung des Persönlichkeitsrechts im Personenrecht seinen systematischen Sitz findet. Hand in Hand mit dieser Umstellung vollzieht sich die Umsiedlung des Deliktsrechts mit allen seinen Rechtsfolgen in das Personenrecht.

Die „*Sach*ordnung" (§§ 90 ff. BGB) ist als Fundament des *Sachen*rechts hinzustellen. Die Ordnung der Sachen ist rechtstheoretisch Anknüpfungspunkt der gesamten Eigentumsordnung (§§ 903 ff. BGB) geworden. Hiergegen wendet sich die Kritik.

2. Im Gesamtzusammenhang der Kodifikation des Zivilrechts ist zuerst auf das *österreichische* bürgerliche Gesetzbuch einzugehen, und zwar besonders auf die Gliederung in Personenrecht und Sachenrecht sowie die gemeinschaftlichen Bestimmungen der Personen- und Sachenrechte. Die zuletztgenannte Kategorie handelt im ersten Teil von dem Personenrecht, im zweiten Teil von dem Sachenrecht, und zwar in folgender systematischer Reihenfolge:

Von den dinglichen Rechten

Von dem Besitze

Von dem Eigentumserwerb

Von Erwerbung des Eigentums durch Zueignung.

(In den weiteren Hauptstücken durch Zuwachs und Übergabe. Im Anschluß folgen die Dienstbarkeiten und das Erbrecht.)

Aus den obigen Ausführungen des Verfassers geht der Vorschlag hervor, nicht mehr an den Besitz, sondern an das Eigentum anzuknüpfen. Auf die Begründung wird im vorliegenden Zusammenhang Bezug genommen.

Allerdings ist einzuräumen, daß die Lehrbücher des Sachenrechts der Gegenwartsliteratur nach den Strukturprinzipien, die die Sachenrechtsgrundsätze und das dingliche Rechtsgeschäft behandeln, nach wie vor an den Besitz und seine verschiedenen Funktionen, insbesondere die Schutz- und Erhaltungsfunktion anknüpfen.

Im Hinblick auf die Wandlungen, die das Eigentumsrecht im Fortgang der Zeit und im Aufbau des Bürgerlichen Gesetzbuches genommen hat, wird an dem Vorschlag festgehalten, das *Eigentumsrecht* an den Anfang und in die innere Mitte zu stellen, außerdem diese Materie, die sich mit der sog. Sachordnung organisch verbunden hat, als dogmatischen und systematischen Mittelpunkt fortan zu betrachten. Die rechtssystematischen Wirkungen erstrecken sich einerseits auf die Sachordnung, die bisher im Allgemeinen Teil des Bürgerlichen Gesetzbuches geregelt ist, andererseits auf alle Vorschriften, die mit dem Eigentumsrecht in einem dogmatischen Zusammenhang stehen.

Die Gesamtgliederung des ABGB beruht auf der Antithese „Von dem Personenrechte" und „Von dem Sachenrechte". Hieraus erklärt sich die Kombination „Von den persönlichen Sachenrechten" (§§ 859-937 ABGB). Nach § 285 ABGB ist Sache alles, was von der Person unterschieden ist und dem Gebrauch der Menschen dient. Nach § 286 ABGB sind die Sachen entweder „Staats- oder Privatgut". Demgemäß werden private und öffentliche Sachen unterschieden.

Die österreichische Vorstellung von den sog. *persönlichen* Sachenrechten (§ 859 ABGB) bezieht sich auf Rechtsverhältnisse, auf Grund deren eine

I. Die Systematik des bürgerlichen Rechts 45

Person einer anderen zu einer Leistung im schuldrechtlichen Sinn verpflichtet ist. In der heutigen Ausdrucksweise handelt es sich rechtssystematisch betrachtet um ein Schuldverhältnis, das in der Dogmatik als ein engeres und ein weiteres erscheint. Schuldverhältnisse im engeren Sinne beziehen sich auf ein Tun oder Unterlassen der verpflichteten Person. Beim Schuldverhältnis im weiteren Sinne werden verschiedenartige Rechtsbeziehungen in einem einheitlichen Rechtsverhältnis verknüpft, worauf z. B. die Vertragsübernahme auf Auswechselung der Rechtstellung des Schuldners innerhalb des Schuldverhältnisses beruht.

Die sachenrechtlichen Verhältnisse bestehen zwischen Personen und Sachen im Sinne einer Zuordnung von Gütern. Hierauf beruht die bekannte Vorstellung von dinglichen Rechten und der entsprechenden Dinglichkeit der Rechtsbeziehungen, die absoluter Art sind im Gegensatz zur relativen Wirkung der persönlichen Rechte.

Losgelöst von dem einzelnen Schuldverhältnis sind die Verhaltenspflichten der Menschen auf bestimmte Schutzobjekte bezogen, wie das Leben, den Körper, die Gesundheit und die Freiheit sowie die Ehre. Rechtsdogmatisch betrachtet, greift in diesen Hinsichten der Persönlichkeitsschutz ein. Das betreffende Rechtsgebiet ist personenrechtlicher und schuldrechtlicher Art, steht daher im Prinzip außerhalb der sachenrechtlichen Dogmatik.

Die Verhaltensrechte der Menschen sind dergestalt auf bestimmte Schutzgüter bezogen, daß hieraus im Falle der Verletzung bestimmte gesetzlich festgelegte Ansprüche entstehen, wie z. B. im Falle der Körper- und Freiheitsverletzung. Im Falle der Eigentumsverletzung entstehen Ansprüche des Eigentümers gegen den betreffenden Täter, die schuldrechtlicher Art sind. Infolgedessen scheiden sie aus dem sachenrechtlichen Betrachtungskreis aus.

Im Rahmen der Dogmatik des Sachenrechts sind sowohl das Wesen als auch die Einteilung der dinglichen Rechte zu erörtern.

Was die Unterscheidung zwischen dinglichen und obligatorischen Ansprüchen betrifft, so zieht die Verletzung dinglicher Rechte sog. dingliche Ansprüche nach sich, die aber ihrem Inhalte nach auf einem gesetzlichen Schuldverhältnis beruhen, so daß in diesem Zusammenhange von einem „dinglichen" Schuldverhältnis gesprochen wird. Im Grunde genommen sind daher dingliche Ansprüche keine dinglichen Rechte in dem klassischen sachenrechtlichen Sinne.

Im übrigen ist nachzutragen, daß das ABGB von einem weiten Sachbegriff ausgeht, den § 285 näher definiert.

3. Das bürgerliche Gesetzbuch hat die schutzbedürftigen Güter „Leben, Körper, Gesundheit, Freiheit" vorangestellt und das Eigentum sowie sonstige

Rechte angeschlossen. Der gemeinsame Rechtsgedanke ist die Entschädigung des Verletzten bzw. seiner Angehörigen im Tötungsfalle. Die deliktsrechtliche Gesamtsicht auf diese Grundnorm hat es mit sich gebracht, daß der persönlichkeitsrechtliche Charakter in Ansehung der persönlichen Güter unterbewertet worden ist. Abgesehen von dieser Nuancierung ist die persönliche Verletzung des Menschen in dem normenrechtlichen, schuldrechtlichen Zusammenhange unterbewertet worden oder sogar aus dem Auge verloren gegangen. Es wird deshalb das Ergebnis angestrebt, den gesamten Normenkomplex mit seinem Ideengehalt in die Lehre von der Persönlichkeit und ihrer Verletzung zu verlegen.

Die Rechtsfolgen sind von weittragender *systematischer* Bedeutung, insbesondere was die Wiedergutmachung sowie den materiellen und immateriellen Schadenersatz betrifft. Vom rechtssystematischen Standpunkt her gesehen treten zwei Veränderungen ein: einerseits verändert sich, d. h. verringert sich schuldrechtlich der deliktsrechtliche Normenkreis, andererseits erweitert sich der hiervon betroffene persönlichkeitsrechtliche Normenzusammenhang. Ob weitere Überlegungen in Betracht kommen, besonders hinsichtlich der Schadenersatzpflicht, namentlich in Ansehung des Schmerzengeldes usw., bleibe hier vorerst dahingestellt. Unzweifelhaft vollzieht sich jedenfalls eine durchgreifende Änderung des Personenrechts dadurch, daß der Schutz des Menschen gegen „Unrecht" aus dem bisherigen schuldrechtlichen Zusammenhang herausgenommen wird, um in die Lehre von der Persönlichkeit des Menschen einzutreten.

Dies bezieht sich z. B. auf die Wandlung der Schadenersatzlehre in systematischer Hinsicht, und nicht zuletzt auf die ideelle Schadenersatzleistung.

Umgekehrt ergeben sich im deliktsrechtlichen Schadenersatzrecht durch die beabsichtigte Umstellung der Normen Veränderungen, die im Zusammenhang der Schuldverhältnisse zu erörtern sein werden. Im vorliegenden *eigentumsrechtlichen* Zusammenhang ist auf das Recht der unerlaubten Handlungen nur insoweit einzugehen, als es sich um das *Eigentum* im zivilrechtlichen Sinne handelt. In dieser Hinsicht ist Ausgangspunkt die Substanzbeeinträchtigung *(Brüggemeier,* Deliktsrecht, S. 201). Hierauf folgen: Eigentums- und Vermögensschäden Dritter bei der Unterbrechung von Versorgungsleistungen. Es schließen sich an: Gebrauch-Funktionsbeeinträchtigungen, Betriebsstörungen sowie Sachentziehung. Am Ende stehen allgemein betrachtet Entziehung oder Beeinträchtigung des Eigentumsrechts, wobei auf die Voraussetzungen der Besitzentziehung verwiesen wird (a. a. O., S. 214).

Der folgende Abschnitt, der die Überschrift „Vermögen" trägt, geht vom Recht am eingerichteten und ausgeübten Gewerbebetrieb aus. Vereinigt werden unter dieser Rubrik Vorgänge, die verschiedenen Rechtsgebieten angehören, wie z. B. dem Wettbewerbs- und Arbeitsrecht.

Die eigentumsrechtliche Betrachtung des Deliktsrechts hat sich mit diesen Untergliederungen nur am Rande zu befassen, weil im Mittelpunkt das Eigentumsrecht steht. Umgekehrt zeigt die erwähnte Aufstellung, daß die Verkehrspflichten auch den Schutz des Eigentums durch Umweltbeeinträchtigungen betreffen. Im Ganzen entsteht der Eindruck, als ob sich das Recht der Schuldverhältnisse durch die Art und Weise der Hypertrophierung des Rechts der unerlaubten Handlungen immer mehr erweitert hat. Die Gesamtmaterie „Schuldverhältnisse" bedarf eher der *Entlastung*. So erklärt sich auch der obige Vorschlag, den Gesamtbereich dadurch zu verringern, daß er im Ausgangspunkt auf das Vertragsrecht im engeren Sinne zurückgeführt wird, daß jedoch das Deliktsrecht unter dem Gesichtspunkt der *Verletzung der Person* in das Persönlichkeitsrecht eingegliedert wird. Die Entlastung des Schuldrechts vermeidet seine Hypertrophierung, bringt andererseits die Zuwiderhandlung gegen die genannten absoluten Rechte und Rechtsgüter am sachgemäßen Ort unter.

4. Im Rechtsvergleich ist noch auf das *Schweizerische Obligationenrecht* hinzuweisen, das die Entstehung der Obligation aus Vertrag, unerlaubter Handlung und ungerechtfertigter Bereicherung nebeneinander stellt (I-III als besondere Abschnitte der Entstehung der Obligation).

Guhl erwähnt am Ende der Darstellung, daß gegenwärtig eine Gesamtrevision des Haftpflichtrechts im Gange sei. Es wird erwogen, an die Stelle des Ausbaues des sog. Haftpflichtrechts eine bedenklich generalisierte Versicherungslösung zu setzen. Außerdem deutet der Genannte an, daß die Änderung der „Produktehaftpflicht" und der Umwelthaftung unvermeidlich sei. Schließlich soll auch die Frage erörtert werden, ob eine Generalklausel in Ansehung der Gefährdungshaftung eingeführt werden soll *(Guhl,* Das Schweizerische Obligationenrecht, Zürich 1991, 8. Aufl., S. 171). Die allgemeine Überschrift „Haftung aus Verschulden" und „Haftung ohne Verschulden" ist so allgemein gehalten, daß die Abgrenzung der Tatbestandsgruppen erforderlich macht, und zwar nach lebensnahen Gliederungen.

Im Grunde genommen gilt auch hier der oben für das deutsche Recht gemachte Vorschlag, die unerlaubten Handlungen unter dem Gesichtspunkt *der Verletzung der genannten Rechtsgüter des Menschen* in die Linie des Personenrechts, nicht des Obligationenrechts, zu stellen.

Der oben gemachte Vorschlag würde zur Folge haben, daß das schweizerische Obligationenrecht, das ungewöhnlich umfangreich ist, entlastet werden könnte. Auf der anderen Seite ließe sich der Vorstellungskreis, der mit der

Verletzung der Persönlichkeit verbunden ist, in sachgemäßer Weise erweitern.

II. Die deutschsprachigen Kodifikationen des Sachenrechts

1. Einführung

Der vergleichenden Betrachtung unterliegen

das österreichische Allgemeine Gesetzbuch

das deutsche Bürgerliche Gesetzbuch

das schweizerische Zivilgesetzbuch mit Obligationenrecht.

Die vorgenannten Gesetzbücher werden im folgenden einer zusammenfassenden, rechtsvergleichenden Betrachtung unterzogen, die mit der österreichischen Kodifikation beginnt. Das Vorhaben beschränkt sich auf die tragenden Rechtseinrichtungen, so daß eine Gesamtdarstellung des Sachenrechts hier nicht mehr zu erwarten ist. Eine allgemeine Definition des Sachenrechts ergibt sich bereits aus dem Vorgetragenen. Das durchgängige Thema betrifft die Grundfrage, wem die Sachen gehören und wer darüber herrscht und verfügt. Auch finden in diesem Rahmen keine systematischen Betrachtungen mehr statt. Schließlich werden auch die allgemeinen rechtssystematischen und rechtsdogmatischen Grundsätze vorausgesetzt.

Die Hauptthemen beziehen sich auf den Besitz und das Eigentum sowie die beschränkten dinglichen Rechte, sei es an Grundstücken, sei es an beweglichen Sachen. In diesen Rahmen fügt sich von selbst die Rechtseinrichtung des Grundbuches ein. Die Prinzipien des Grundbuchrechts und die bücherlichen Eintragungen werden im einzelnen nicht behandelt.

Vorausgesetzt wird die Ordnung der Sachen, besonders die Lehre von den Bestandteilen und dem Zubehör.

Außer Betracht bleiben alle Rechtsgebiete, die sich, vom Standpunkt des Sachenrechts her gesehen, als Nebengebiete darstellen, z. B. das Zwangsvollstreckungsrecht. Da die angewandte Methode a priori rechtsvergleichenden Charakters ist, beschränkt sie sich auf eine rechtshistorisch-rechtssystematische Bearbeitung.

2. Das System der Kodifikationen

a) Das ABGB handelt unter der Überschrift „Von den Sachenrechten" von den Sachen und deren rechtlicher Einteilung. Nach ihrer Beschaffenheit werden sie in körperliche und unkörperliche; in bewegliche und unbewegliche; in verbrauchbare und unverbrauchbare; in schätzbare und unschätzbare Sachen eingeteilt. Die rechtliche Behandlung findet unter dem Gesichtspunkt des Besitzes und des Eigentums statt (§§ 285 ff. ABGB).

Im System des ABGB handelt der erste Teil von dem „Personenrechte", der zweite von dem „Sachenrechte". Dieser Abschnitt hat allgemein „Sachen und ihre rechtliche Einteilung" zum Gegenstand. In der ersten Abteilung (§§ 309 ff. ABGB) ist zuerst der Besitz geregelt. Es folgt in §§ 353 ff. ABGB das Eigentumsrecht, dem angeschlossen sind: das Pfandrecht, die Dienstbarkeiten und das Erbrecht. Die folgenden Vorschriften sind daher erbrechtlicher Art. Das letzte Hauptstück in der ersten Abteilung trägt die Überschrift „Von der Gemeinschaft des Eigentumes und anderer dinglicher Rechte" (§§ 825-858 ABGB).

Dieser ersten Abteilung folgt eine zweite mit der Überschrift „Von den persönlichen Sachenrechten". Die Gegenstände der Regelung sind jedoch, wie das Attribut „persönlich" andeutet, schuldrechtlicher Art im Sinne der Ausdrucksform des deutschen BGB. Die Regel sind u. a. Verträge sowie die Bevollmächtigung und andere Arten der Geschäftsführung, auch Verträge über eine Gemeinschaft der Güter, außerdem Ehepakt und Glücksverträge. Die zweite Abteilung schließt mit dem Rechte des Schadensersatzes und der Genugtuung ab.

Der Oberbegriff ist das Sachenrecht, das in der Antithese zum Personenrecht sowohl als dingliches Sachenrecht wie auch als „persönliches" Sachenrecht in die systematische Erscheinung tritt.

Das ABGB beschreibt die Begriffe vom dinglichen und persönlichen Sachenrecht in § 307 wie folgt: „Rechte, welche einer Person über eine Sache ohne Rücksicht auf gewisse Personen zustehen, werden dingliche Rechte genannt. Rechte, welche zu einer Sache nur gegen gewisse Personen unmittelbar aus einem Gesetze, oder aus einer verbindlichen Handlung entstehen, heißen persönliche Sachenrechte". (Zu diesem Sprachgebrauch s. *Spielbüchler-Rummel*, Kommentar zum ABGB §§ 307, 308; *Aicher*, Das Eigentum als subjektives Recht (1975).)

Wie Spielbüchler bemerkt, bedeutet das Wort „dinglich" in dem vorgetragenen Sinne die Loslösung von einer bestimmten Person als einer Verpflichteten, und zwar als ein Recht, das „potentiell gegen jedermann wirkt" (s. § 285

ABGB). Demgegenüber schränkt der heutige Sprachgebrauch den Begriff des dinglichen Rechts gegenständlich auf körperliche Sachen ein.

Nach der Aufzählung des ABGB in § 308 sind dingliche Sachenrechte, abgesehen vom Recht des Besitzes, das Eigentum, das Pfandrecht, die Dienstbarkeit und das Erbrecht. Jedoch ist diese Aufzählung eher historisch als dogmatisch zu verstehen. Dies gilt vor allem für den Besitz, der nach allgemein vorherrschender Ansicht eher ein tatsächliches als ein rechtliches Verhältnis begründet, unbeschadet der Konsequenz, daß Ansprüche aus der Besitzverletzung hervorgehen können.

Offensichtlich ist auch das Erbrecht kein dingliches Recht im überkommenen Sinne. Hinzu kommt, daß die Aufzählung nicht vollständig ist, weil auch die Reallast und andere Rechte als dingliche aufgefaßt werden. Hinsichtlich der sog. verbücherten Schuldverhältnisse, wie z. B. Vorkaufs- und Wiederkaufsrechte, s. *Spielbüchler*, §§ 308 Ziffer 4 ABGB.

Der Sprachgebrauch hat sich im übrigen dahin erweitert, daß nicht nur vom dinglichen Recht, sondern auch vom dinglichen Rechtsgeschäft gesprochen wird. Gemeint ist hiermit offensichtlich ein Rechtsgeschäft mit Verfügungscharakter. Auf den Unterschied zwischen dinglichen und persönlichen Ansprüchen braucht im Rahmen dieser Ausführungen nicht mehr eingegangen werden.

b) Das deutsche Sachenrecht ist im Bürgerlichen Gesetzbuch (3. Buch) enthalten, schließt sich infolgedessen dem Recht der Schuldverhältnisse an. Der Besitz ist systematisch betrachtet dem Eigentum vorgelagert (§§ 903 ff. BGB). Der Zweite Abschnitt enthält „Allgemeine Vorschriften über Rechte an Grundstücken".

c) Das schweizerische Zivilgesetzbuch regelt das Sachenrecht im „Vierten Teil". Die Erste Abteilung beginnt mit dem Eigentum. Nach Allgemeinen Bestimmungen ordnet das Gesetz das Grundeigentum, und zwar nach Gegenstand, Erwerb und Verlust. Ein besonderes Kapitel ist dem Stockwerkeigentum gewidmet. Es folgen die beschränkten dinglichen Rechte (Art. 730 ff. ZGB).

Der Vierte Teil des ZGB umfaßt daher in drei Abteilungen: eine erste, die das *Eigentum* angeht, eine zweite, die die beschränkten dinglichen Rechte betrifft und eine dritte, die sich auf den *Besitz* und das Grundbuch bezieht (Art. 641-977 ZGB), das weit nach hinten rückt.

d) Das österreichische Recht definiert am Anfang den Begriff der Sachen im rechtlichen Sinne: Alles was von der Person unterschieden ist und zum Gebrauche der Menschen dient, wird im rechtlichen Sinne eine *Sache* genannt

II. Die deutschsprachigen Kodifikationen des Sachenrechts

(§ 285 ABGB). Im weiteren Aufbau werden *dingliche und persönliche* Sachenrechte unterschieden. „Rechte, welche einer Person über eine Sache ohne Rücksicht auf gewisse Personen zustehen, werden dingliche Rechte genannt", die von persönlichen Sachenrechten unterschieden werden. Unter Eigentum wird „alles verstanden, was jemandem zugehört, und zwar sowohl körperliche als unkörperliche Sachen".

e) Nach deutschem BGB wird der Besitz (§§ 854 ff.) an einer Sache durch die Erlangung der tatsächlichen Gewalt hierüber erworben. Er geht dadurch verloren, daß der Besitzer die tatsächliche Gewalt aufgibt oder in anderer Weise verliert. Besitzdiener ist nach deutschem Recht, wer die tatsächliche Gewalt über eine Sache in dessen Haushalt oder Erwerbsgeschäft oder in einem ähnlichen Verhältnis ausübt, wodurch er weisungsgebunden ist. Im Vordergrund der Besitzregelung stehen die *verbotene Eigenmacht,* die dem Besitzer gegenüber ausgeübt wird, und das *Selbsthilferecht* des Besitzers. Außerdem stehen ihm nach dem Gesetz Ansprüche wegen *Besitzentziehung und Besitzstörung* zu. Eine besondere Rechtsfigur ist der mittelbare Besitzer, der die Sache als Nießbraucher, Pächter, Mieter oder in einem ähnlichen Verhältnisse besitzt. Das Eigentumsrecht folgt erst in §§ 903 ff. BGB.

f) Das schweizerische Zivilgesetzbuch regelt nach den Allgemeinen Bestimmungen, die u. a. die Eigentumsformen behandeln, das Grundeigentum, sowohl dem Inhalte als auch den Beschränkungen nach. Im Mittelpunkt der Eigentumsregelung stehen der Inhalt und die Beschränkungen des Grundeigentums (Art. 680 ff. ZGB). Die gesetzlichen Eigentumsbeschränkungen entstehen ohne Eintragung im Grundbuch. Geregelt ist hier u. a. das Vorkaufsrecht, das im Grundbuch eingetragen wird (Art. 681 ZGB). Miteigentümer haben ein Vorkaufsrecht einem jeden Nichtmiteigentümer gegenüber, der einen Anteil erwirbt (Art. 682 ZGB).

3. Das gemeinschaftliche Eigentum

a) Schweiz

Die Vorstellung eines gemeinschaftlichen Eigentums beruht auf der grundsätzlichen Erwägung, daß ein und dieselbe Sache zu gleicher Zeit einer Mehrzahl von Personen zusteht. Dieses Mehrheitseigentum ist entweder *Miteigentum oder Gesamteigentum*. Im ersten Falle ist das Mehrheitseigentum nach Bruchteilen geteilt, nach der Vorstellung eines „schlichten" Miteigentums, wie immer die Bruchteile lauten. Im anderen Falle gehört die betreffende Sache zu einem Vermögen, das mehreren Personen zusteht. Im Hinblick darauf, daß sie insgesamt für das betreffende dingliche Recht (in der Regel handelt es sich um das Eigentum) zuständig sind, werden sie Gesamteigentümer genannt. Im Verlauf der Eigentumsentwicklung hat sich daraus die Vorstellung eines Gesamteigentums gebildet. Die ungeteilte Verfügungsmacht wird der Gesamtheit der Betreffenden zugewiesen.

Das Miteigentum nach Quoten stammt aus dem römische und gemeinen Recht. Hingegen hat sich das Eigentum zur gesamten Hand im Rahmen deutschrechtlicher Entwicklungen ergeben.

Was die gesetzliche Entwicklung anbetrifft, so hat das schweizerische Zivilgesetzbuch eine besondere Regelung für das gemeinschaftliche Eigentum getroffen (Art. 646 ZGB); sie lautet: „Haben mehrere Personen eine Sache nach Bruchteilen und ohne äußerliche Abteilung in ihrem Eigentum, so sind sie Miteigentümer". Die Miteigentumsanteile an Grundstücken werden in das Grundbuch eingetragen (Art. 943 I Ziffer 4 ZGB). Dabei wird vorausgesetzt, daß die Berechtigten Miteigentümer zu gleichen Teilen sind, wenn nichts anderes feststellbar ist. Daraus folgt, daß jeder Miteigentümer für seinen Anteil die Rechte und Pflichten eines Eigentümers hat. Diesen Anteil kann er veräußern und verpfänden. Von seinen Gläubigern kann er gepfändet werden (Art. 646 III ZGB). Die Miteigentümer können eine besondere Nutzungs- und Verwaltungsordnung treffen, wenn sie sich nicht an die gesetzliche (Art. 647 ZGB) halten wollen.

Die rechtsdogmatische Behandlung unterscheidet die Beziehungen der Mitberechtigten zu der betreffenden *Sache* von den Beziehungen der Genannten zueinander (s. hierzu *Meier-Hayoz,* a. a. O., IV Sachenrecht, 1. Abteilung, das Eigentum, S. 459 ff.).

Im Gegensatz zu der Rechtsfigur des Miteigentums setzt das Gesamteigentum ein persönliches Gemeinschaftsverhältnis unter den betreffenden Personen voraus, das auf dem Gesetz oder einer vertraglichen Vereinbarung beruhen kann. Dagegen kann Miteigentum ohne weitere Voraussetzung in beliebiger Weise vereinbarungsgemäß geschaffen werden. Eine persönliche Abhängigkeit der Beteiligten wird nicht vorausgesetzt. Das Miteigentum schafft als Institution die Rechtsbeziehung selbst. Wie Meier-Hayoz ausgeführt hat, ist dem Miteigentum ein individualistischer Zug eigen, wohingegen das Gesamteigentum auf einer Gemeinschaft beruht, die „allein verfügungsberechtigte Gesamtheit" ist, so daß dem einzelnen Gemeinschafter die selbständige Rechtskompetenz fehlt. Es wird betont, daß das Miteigentum ein primär sachenrechtliches Verhältnis ist, wohingegen die andere Rechtserscheinung eine *persönliche* Verbindung der Beteiligten, z. B. eine Gesellschaft oder eine Erbengemeinschaft voraussetzt.

b) Deutschland

Die schweizerische Rechtsdogmatik grenzt von den genannten Formen das „körperschaftliche Gesamteigentum", als im Alleineigentum der betreffenden juristischen Person stehend, ab. Die dogmatische Grundanschauung entspricht auch dem System des deutschen BGB. Mit der körperschaftlichen Organisation entstehen verselbständigte Mitgliedschaftsrechte, die keine Eigentumsteilrechte sind. Wenn vom körperschaftlichen Gesamteigentum die Rede ist, so ist damit die Kompetenz der dahinterstehenden juristischen Personen gemeint (Verein, Stiftung).

Ebenfalls scheidet das sog. fiduziarische Eigentum aus, weil es auf der Vorstellung der „Treuhand" beruht. Nachzutragen ist noch, daß das Miteigentum in der schweizerischen Rechtsentwicklung Grundlage des Stockwerkeigentums ist.

Aus der vorstehenden rechtsdogmatischen Erläuterung folgt, daß das Miteigentum nach Bruchteilen eine „reine" sachenrechtliche Erscheinung ist, wohingegen das Gesamteigentum, auch Gesamthandseigentum genannt, auf Grunderscheinungen fußt, die sich außerhalb des Sachenrechts entwickelt haben, z. B. dem Gesellschafts- oder Erbrecht. Das Fundament der dinglichen Abteilung ist daher das Gesellschaftsvermögen (§§ 705 ff. BGB) oder die Erbschaft bzw. der Nachlaß (§§ 1922 ff. BGB). Man spricht daher vom Gesamthandsvermögen der betreffenden Gesellschaft. Beim Miteigentum nach Bruchteilen besteht hingegen kein entsprechendes, vermögensrechtliches Band, wie es beim Gesamthandseigentum vorhanden ist. Im Hinblick auf die Gemeinsamkeit der Sachen trifft das deutsche BGB eine Sonderregelung, die die Verwaltung und Benutzung angeht. Eine besondere Form des Miteigentums nach Bruchteilen ist das neugeschaffene Wohnungseigentum. (Der Miteigentümer hat ein Sonderrecht an bestimmten Teilen eines Gebäudes gem. Art. 712a ZGB.) Mit Recht wird darauf hingewiesen, daß auch beim Miteigentum im sachenrechtlichen Sinne gewisse gemeinschaftliche Belange zu berücksichtigen sind, die die gemeinsame Sache angehen (§§ 743-746 BGB, *Baur / Baur*, a. a. O., II § 3). Es wird hinzugefügt, daß die bloße Form der Verbindung das Recht eines jeden Miteigentümers mit sich bringt, jederzeit die Aufhebung der Gemeinschaft zu verlangen.

Es empfiehlt sich, aus der *eigentumsrechtlichen* Gesamtbetrachtung, die vom Miteigentum im klassischen Sinne ausgeht, diejenigen Rechtsverhältnisse außer Betracht zu lassen, die auf nicht eigentumsrechtlichen Fundamenten beruhen, wie z. B. die Erbengemeinschaft, die im Todesfall des Eigentümers entsteht, und zwar auf Grund der Gesamtrechtsnachfolge. Das Miteigentum nach Bruchteilen ist dogmatisch zu trennen sowohl von dem Gesamthandseigentum als auch von eigentumsähnlichen Rechten wie dem Erbbaurecht, das auf der ErbbaurechtsVO beruht. Dessen ungeachtet ist die Institution des Miteigentums in den Vorstellungskreis der Rechtsidee des Eigentums einzubeziehen.

III. Der gutgläubige Erwerb vom Nichtberechtigten

1. Der Interessenkonflikt (BGB)

a) Die Vorschriften, die die Übereignung beweglicher Sachen regeln, setzen voraus, daß der Veräußerer Eigentümer ist. Die Gesetze treffen jedoch eine Sonderregelung für den Fall, daß die Sache nicht dem Veräußerer gehört, der zwischen dem ursprünglichen Eigentümer und dem jetzigen Erwerber steht. Der Grundgedanke, daß der Erwerb vom Nichteigentümer im Interesse des *gutgläubigen* Erwerbers geschützt werden soll, hat in den Gesetzbüchern durch eine besondere Ausnahmeregelung Niederschlag gefunden. Es geht um die bekannte Problematik des gutgläubigen Erwerbs vom Nichteigentümer, der sich auf Kosten des wahren Berechtigten vollzieht. Diese Rechtswirkung tritt ein, ohne daß der wahre Berechtigte an dem rechtsgeschäftlichen Vorgang zwischen dem Veräußerer und dem Dritterwerber beteiligt gewesen ist. Das Gesetz stellt sich in diesem Interessenkonflikt auf die Seite des Erwerbers, um den guten Glauben des Dritten an das Eigentum seines Vormannes zu schützen. Das Interesse des wahren *Eigentümers* an der Erhaltung seines Eigentumsrechts *unterliegt* u. U. bei der Lösung dieses Interessenkonfliktes. Hierbei spielt die Erwägung eine Rolle, daß sich der Eigentümer gegen die Weiterveräußerung selbst schützen kann. Dies geschieht dadurch, daß er die Sache entweder überhaupt nicht aus der Hand gibt oder allenfalls nur einer zuverlässigen Person anvertraut, die ihm die Gewähr bietet, daß keine Verfügung stattfindet, die den Eigentumsverlust zur Folge hat.

Ein weiterer Interessenkonflikt liegt darin, daß sich der Erwerber nicht die erforderliche Gewißheit über das Recht des Veräußerers in allen Fällen zu verschaffen vermag.

Im Einzelfalle kommt es darauf an, ob der veräußernde Nichteigentümer in einer solchen tatsächlichen Beziehung zur Sache steht, daß das *Vertrauen des Dritten* auf den Rechtsschein der Besitzlage im Hinblick auf die äußeren Umstände gerechtfertigt erscheint. Jedoch ist weder der Rechtsscheingedanke noch die Vertrauensidee geeignet, eine befriedigende Gesamtlösung des Interessenkonfliktes herbeizuführen *(H. Eichler,* Institutionen des Sachenrechts,

III. Der gutgläubige Erwerb vom Nichtberechtigten

Bd. II, 1. Halbbd., Eigentum und Besitz, Berlin 1957; Die Rechtslage vom Vertrauen, 1950).

b) Das Schrifttum hat im Laufe der Zeit immer wieder die verschiedenen Möglichkeiten der Lösung vor Augen geführt. Zwei Grundanschauungen stehen sich gegenüber, nämlich diejenige, die die Berechtigung des gutgläubigen Erwerbes von vornherein verneint; da der Mittelsmann nicht mehr Rechtsmacht auf den Dritten zu übertragen vermag, als dieser selbst hat. Denn der Veräußerer, der in der Mitte zwischen den beiden steht, ist nicht Träger des Eigentumsrechts, das der Dritte von ihm erwerben will. Um den Konflikt zu lösen, hat man den Gesichtspunkt ins Feld geführt, daß der Besitz den Rechtsschein des Eigentums schafft (zu dieser Anschauung s. *Westermann*, a. a. O., § 45 II, der meint, daß der Erwerb des Eigentums überall bejaht werden müsse, „wo der Erwerber einer entsprechenden Besitzlage traute"). Besitz des Veräußerers und Gutgläubigkeit des Erwerbers seien gleichsam die ausschließlichen Gesichtspunkte der Lösung.

Nach anderer Ansicht kommt es auf das Verhalten des Eigentümers an, nämlich auf die Alternative, ob er, nämlich der ursprüngliche Eigentümer, „die den Erwerber täuschende Besitzlage verschuldet oder veranlaßt hat" (a. a. O., S. 213). Die Lösung soll im Rechtsscheinprinzip liegen, allerdings korrigiert durch das Veranlassungsprinzip. Das Ergebnis lautet, daß der Erwerb vom Nichtberechtigten nur dort angebracht ist, wo der „Eigentümer die zum Erwerb des Gutgläubigen führende Besitzlage mit ihrem Auseinanderfallen von Eigentum und unmittelbarem Besitz bewußt geschaffen hat".

In diesem Rahmen und Zusammenhange bedarf es noch einer weiteren Erörterung, was von Fall zu Fall „Rechtsschein" unter den Beteiligten bedeutet. Die in Betracht kommenden Veräußerungsgeschäfte sind von Fall zu Fall derart verschieden, daß noch weitere Prinzipien hinzukommen müssen, um den Dritterwerb zu rechtfertigen. Es ist vor allem von tatsächlicher Bedeutung, in welchem Rahmen geschäftlich betrachtet und unter welchen äußeren Umständen des Rechtsverkehrs der Dritterwerb stattgefunden hat. Hierbei spielen die tatsächlichen Verhältnisse, z. B. der Abschluß in einem Laden unter vertrauenswürdigen Umständen, insbesondere unter Einschaltung zuverlässigen Personals, für die Annahme der Gutgläubigkeit eine Rolle.

2. Der Interessenkonflikt (ABGB)

Das österreichische Schrifttum *(Koziol / Welser,* Grundriß des bürgerlichen Rechts, Wien 1982) behandelt zunächst die Arten des Eigentums und den Erwerb des Eigentumsrechts. In diesem Zusammenhange werden der gutgläubige Erwerb vom Nichtberechtigten und die rechtliche Problematik erläutert. Ausgangspunkt ist die Erwägung, daß auch die Interessen der Partner des Veräußerungsgeschäftes de jure berücksichtigt werden müssen. Die Frage lautet, wer in einem Konfliktfalle die schutzwürdigere Partei ist. Es geht darum, ob der ursprüngliche Inhaber des Eigentumsrechts, der nach der üblichen Lage der Dinge sein Recht nicht aufgegeben haben würde oder der Erwerber schutzwürdiger ist. Ihm wird zugute gehalten, daß er alle Regeln des Erwerbes für sich habe und damit rechnen könne, „ein Recht vom Eigentümer zu erlangen". Bei der Beurteilung sind die Bedürfnisse des geschäftlichen Verkehrs im allgemeinen mitzuberücksichtigen. Der Ausgangspunkt der Erwägungen ist die Notwendigkeit, daß die Rechtsordnung den Gutgläubigen schützt. Der Erwerber verdient daher keinen Schutz, wenn er wußte oder hätte wissen müssen, daß der betreffende Veräußerer in sachenrechtlichem Sinne nicht berechtigt war. Hinzugefügt wird *(Koziol / Welser,* a. a. O., S. 63), daß die Entscheidung zugunsten des bisherigen Rechtsinhabers getroffen werden müsse, wenn der Erwerber Kenntnis davon hätte haben müssen, daß der Veräußerer im Sinne der obigen Ausführungen nicht berechtigt war. Gesetzliche Grundlagen des österreichischen Privatrechts sind in der angedeuteten Hinsicht §§ 367, 371, 456, 824 ABGB und § 366 HGB.

Grundlegende Gesetzesvorschrift ist § 367 ABGB, der den Eigentumserwerb kraft guten Glaubens regelt. Dieser ist vom Recht „des Vormannes" unabhängig, wird aber durch einen „Akt der Eigentumsübertragung" in abgeleiteter Art und Weise bewirkt (s. hierzu im einzelnen *Rummel / Spielbüchler,* § 367 ABGB). Die genannte Vorschrift betrifft nicht nur eine Beschränkung der Eigentumsklage, „sondern auch einen Akt der Eigentumsübertragung im Sinne des Erwerbes kraft guten Glaubens".

3. Der Interessenkonflikt (ZGB)

Nach schweizerischem Recht ist zur Übertragung des Fahrniseigentums der Übergang des Besitzes auf den Erwerber erforderlich. Nach gesetzlicher Vorschrift sind Gegenstände des Fahrniseigentums die ihrer Natur nach beweglichen körperlichen Sachen sowie die Naturkräfte, die der rechtlichen Herrschaft unterworfen werden können (Art. 713 ZGB).

Wem im guten Glauben eine bewegliche Sache zu Eigentum übertragen wird, erwirbt das Eigentum auch dann, wenn der Veräußerer zur Eigentumsübertragung nicht befugt ist, sobald er nach den Regeln des Besitzes im Besitze der Sache geschützt ist (Art. 714 II ZGB). In dieser Hinsicht wird auf Art. 933 ZGB verwiesen, wonach ein Erwerber auch dann zu schützen ist, „wenn sie dem Veräußerer ohne Ermächtigung zur Übertragung anvertraut

III. Der gutgläubige Erwerb vom Nichtberechtigten

worden war". In Ansehung abhandengekommener Sache trifft das Gesetz eine besondere Regelung. Hiernach kann der Besitzer, dem eine bewegliche Sache gestohlen ist oder verloren geht oder sonst abhanden gekommen ist, diese während fünf Jahren von jedem Empfänger herausverlangen (s. aber die Ausnahmen für Geld und Inhaberpapiere). In diesem gesetzlichen Rahmen befindet sich die allgemeine Vorschrift, daß derjenige, der den Besitz nicht in gutem Glauben erworben hat, von dem früheren Besitzer jederzeit auf Herausgabe belangt werden kann (Art. 936 I ZGB).

Hinzuzufügen ist noch, daß das Gesetz in diesem Rahmen den öffentlichen Glauben des Grundbuches schützt, denn in Ansehung der dort aufgenommenen Grundstücke besteht eine Vermutung des Rechts gemäß Art. 937 I ZGB.

Nach ausdrücklicher Gesetzesbestimmung ist der bösgläubige Besitzer nicht nur herausgabepflichtig, sondern auch schadenersatzpflichtig gem. Art. 940 I ZGB.

Liver betont, daß diese Gesamtregelung das sog. Publizitätsprinzip zur Geltung bringt. Demgemäß muß der in Rede stehende Vorgang derartig in Erscheinung treten, daß der Besitz vom Veräußerer auf den Erwerber übergeht. Der Genannte nimmt hierbei vom historischen Betrachtungsstandpunkt auf das Erfordernis der Tradition Bezug. Diese wird auch zur Bestellung eines Nießbrauchs und zur Verpfändung der Sache verlangt (Art. 884). Hingewiesen wird darauf, daß es eine Mobiliarhypothek nicht gibt. Interessant sind die Ausführungen über die geschichtliche Entwicklung des Publizitätsprinzipes, das bekanntlich die französische Rechtsentwicklung im Code civil dadurch abgeschwächt hat, daß das Eigentum grundsätzlich mit dem Abschluß des entsprechenden Vertrages, also lediglich durch übereinstimmende Willenserklärung der Partner, übergeht. Allerdings kann dem Dritten die in Rede stehende Veräußerung erst entgegengehalten werden, wenn der Erwerber den Besitz an der verkauften Sache erhalten hat. Hieraus ergibt sich, daß der erste Käufer, der das Eigentum *ohne Übergabe* erlangt hat, gegenüber einem weiteren Erwerber, der den Besitz gutgläubig erworben hat, nicht geschützt ist (so *Liver*, Das Eigentum, S. 316).

Die französische Regelung steht im Gegensatz zu der des schweizerischen und deutschen Rechts, ebenso des österreichischen Rechts.

Nachzutragen ist zur Wiedergabe des schweizerischen Rechts, daß in diesem Gesamtzusammenhang der Eigentumsvorbehalt behandelt wird. Es gilt die Besonderheit, daß er nur dann wirksam ist, wenn er in einem vom Beitreibungsbeamten zu führenden öffentlichen Register eingetragen wird. Übrigens ist der Eigentumsvorbehalt im Viehhandel überhaupt ausgeschlossen (Art. 715 ZGB).

Für Abzahlungsgeschäfte gilt, daß der Eigentümer im Falle des Vorbehaltes die betreffenden Gegenstände nur unter der Bedingung zurückverlangen kann, daß er die vom Erwerber geleisteten Abzahlungen erstattet (Art. 716 ZGB).

Nach dem Gesetzessystem sind in diesem Titel ferner die Verbindung und Vermischung sowie die Ersitzung geregelt.

Vierter Teil

I. Systemaufbau

Den Beherrschungsrechten treten im Gesamtaufbau die Substanzrechte gegenüber, unter denen das Eigentum an erster Stelle steht, weil ihm die totale Beherrschung der Sache innewohnt (zu dieser Systematik s. *H. Eichler,* Institutionen des Sachenrechts, Erster Band, Allgemeiner Teil — Grundlagen des Sachenrechts, Berlin 1954). Von den *Gebrauchsrechten,* die auch als Nutzungsrechte bezeichnet werden, sind die sog. *Verwertungsrechte* zu trennen, denn dem Gebrauchswert, der den *Beherrschungsrechten* innewohnt, ist der Geld- und Veräußerungswert entgegenzusetzen. Die Grundkonstruktion bedarf noch einer Beschreibung, die den Inhalt aufzugliedern versucht. In Ansehung des *Eigentumsrechts* ist vielfach von einer „totalen" Beherrschung der Sache die Rede. Es geht hierbei um die tatsächliche Einwirkung sowohl als auch um die rechtsgeschäftliche Verfügung. Gesprochen wird zuweilen von dem „Vollrecht" an der ganzen Sache. Diese übliche Erläuterung ist inzwischen durch andere Vorstellungen, insbesondere der Zuständigkeit und Zuordnung, ersetzt worden.

Der innere Kern des Eigentums umschließt hierbei die „Zugehörigkeit" der betreffenden Sache, sei es eines Grundstückes, sei es der Fahrnis, zu dem Vermögen des Trägers des Rechts.

Die Begriffsbestimmung ist indes doppelseitig, denn einerseits bedeutet Eigentum soviel wie das ganze Rechtsgebiet, das herkömmlich als *Sachenrecht* bezeichnet worden ist. Andererseits hat Eigentum zum Inhalt das subjektive Recht, das zuweilen als Beherrschungsrecht erster Ordnung bezeichnet worden ist. Es umfaßt die Sache im ganzen gesehen, umschließt damit aber auch die einzelnen Teile, die ihrerseits wiederum Gegenstände derjenigen Rechte sein können, die als beschränkt dinglich aufgefaßt zu werden pflegen.

Umgekehrt sind im Eigentumsrecht die früher erwähnten Teilerscheinungen enthalten, soweit es um Nutzungsrechte geht. Was die Verwertungsrechte betrifft, so geht es nicht um den Gebrauchswert, sondern um den Geld- und Veräußerungswert.

Die angeführten, beschränkten dinglichen Rechte sind noch im einzelnen zu erläutern.

Die Nutzungsrechte umfassen den *Nießbrauch* sowie die *Grunddienstbarkeit* und die beschränkte, persönliche Dienstbarkeit. Eine besondere Stellung nimmt das dingliche Wohnrecht ein, das sich vom Miet- und Pachtrecht unterscheidet. Es vermittelt eine inhaltlich und zeitlich begrenzte Nutzung. Hingegen gewährt das Dauerwohnrecht eine inhaltlich zwar beschränkte, zeitlich aber uneingeschränkte Nutzung.

Die neue Form des Wohnungseigentums, die das Sondereigentum an einer Wohnung und den Miteigentumsanteil am Grundstück kombiniert, gehört in die Eigentumskategorie, denn es handelt sich um eine Kombination von Sondereigentum und *Miteigentumsanteil*.

Vom *Typenzwang* ist bereits in der Darstellung des Rechts der Schuldverhältnisse die Rede gewesen, weil das Prinzip der Vertragsfreiheit jeden erlaubten Inhalt der Obligation zuläßt, wohingegen die Sachenrechte als beschränkte dingliche Rechte auf ihren Inhalt ex lege festgesetzt sind. Aus dieser Erwägung heraus hat man zuweilen vom Typenzwang gesprochen, wodurch jedoch die Dogmatik nicht gefördert worden ist. Insoweit läßt sich auch nicht von einer Einschränkung der Privatautonomie sprechen.

Im Hinblick auf die Einrichtung des Grundbuchs verlagert sich das Schwergewicht der Rechtsdefinition nach der Seite des Grundbuchrechts. Zuweilen kommt es zu einer Doppelspurigkeit: z. B. sind das Miet- und das Pachtrecht, im Gegensatz zum Nießbrauch, nicht eintragungsfähig. Es unterscheiden sich auch in dieser Weise das persönliche und dingliche Vorkaufsrecht. Hiervon ist die Frage abzutrennen, ob persönlichen Ansprüchen durch eine Vormerkung im Grundbuch ein dinglicher Charakter beigelegt werden kann. Im ganzen ist zu bemerken, daß der „Rechtsmaterie Eigentum" das Prinzip des numerus clausus eigentümlich ist.

II. Der Inhalt und die Beschränkungen des Eigentums

1. Ausgangspunkt ist die geschichtliche Entwicklung des Eigentums im Fortgang der Zeit, insbesondere als einer Grundlage der wirtschaftlichen und sozialen Ordnung. Es werden hierbei im allgemeinen Darstellungen hervorgehoben, daß das Privateigentum immer noch als das sicherste Fundament der Unabhängigkeit des Individuums aufgefaßt wird. Dabei tritt die Vorstellung auf, daß sich das genannte Recht nicht nur auf körperliche Dinge, sondern in der allgemeinen Rechtsauffassung auch auf andere Rechte erstreckt, insbesondere geht es um geistiges Eigentum. Der verfassungsrechtliche Schutz bezieht sich nicht nur auf körperliche Sachen, sondern auf die gesamte Vermögenssphäre. Die Bedeutung des Eigentumsrechts tritt dadurch hervor,

II. Der Inhalt und die Beschränkungen des Eigentums

daß es im Vergleich zu den beschränkten dinglichen Rechten das am meisten umfassende dingliche Recht ist, von dem sich die beschränkten dinglichen Rechte erst ableiten.

2. Dem Eigentum sind mitunter räumliche Schranken gesetzt, da es sich nach schweizerischem Recht nur soweit erstreckt, als für seine Ausübung ein Interesse besteht. Nach Art. 667 ZGB bezieht sich das Eigentum an Grund und Boden „nach oben und unten auf den Luftraum und das Erdreich, soweit für die Ausübung des Rechts ein Interesse besteht". Das Eigentum umfaßt nach der gesetzlichen Vorschrift alle Bauten und Pflanzen sowie die Quellen, allerdings unter Vorbehalt der gesetzlichen Schranken. Die Grenzen werden durch die Grundbuchpläne und durch die Abgrenzungen auf dem Grundstücke selbst angegeben. Nach dem Gesetz ist jeder Grundeigentümer verpflichtet, zur Feststellung einer ungewissen Grenze mitzuwirken (Art. 668 ZGB).

Was die gesetzlichen Beschränkungen des Eigentums betrifft, so entstehen sie *ohne Eintragung im Grundbuch*. Bei der Ausübung seines Eigentums ist jedermann verpflichtet, sich aller übermäßigen Einwirkungen „auf das Eigentum der Nachbarn zu enthalten" (Art. 684 ZGB). Besondere Vorschriften beziehen sich auf das Graben und Bauen (Entwässerungen und Durchleitungen). Eine Grundsatzvorschrift räumt dem belasteten Grundeigentümer einen Anspruch darauf ein, daß seine Interessen in billiger Weise berücksichtigt werden. Besondere Vorschriften beziehen sich auf die Wegrechte und die Einfriedigung eines Grundstücks. Das Betreten von Wald und Weide sowie die Aneignung wildwachsender Früchte sind in ortsüblichem Umfange grundsätzlich jedermann gestattet. Um drohenden Schaden von sich oder einem anderen abzuwenden, kann der Betroffene in das Grundeigentum eines Dritten eingreifen, allerdings unter der Verpflichtung, den entstandenen Schaden in angemessener Weise zu ersetzen. Ein öffentliches Anliegen ist es, Beschränkungen des Grundeigentums zum *allgemeinen* Wohl gemäß Art. 720 ZGB aufzustellen. Dies bezieht sich auch auf die Erhaltung von Altertümern und Naturdenkmälern.

Für Quellen und Brunnen gelten besondere Vorschriften nach Art. 704 ff. ZGB.

3. Ein besonderer Abschnitt, der inzwischen durch ein Bundesgesetz geändert ist, behandelt das Stockwerkeigentum. Hierunter wird der Miteigentumsanteil an einem Grundstück verstanden, der dem Miteigentümer das Sonderrecht gibt, bestimmte Teile eines Gebäudes ausschließlich zu benutzen und innen auszubauen (Art. 712a I ZGB). Nach gesetzlicher Vorschrift können Gegenstände des Sonderrechts einzelne Stockwerke oder Teile von solchen

sein, die als „Wohnungen oder als Einheiten von Räumen zu geschäftlichen oder anderen Zwecken in sich abgeschlossen sein müssen" (Art. 712b I ZGB). Nach ausdrücklicher Gesetzesvorschrift ist das genannte Eigentum durch Eintragung im Grundbuch zu erreichen. Die Verlautbarung findet statt auf Grund eines Vertrages der Miteigentümer über die Ausgestaltung ihrer Anteile zu Stockwerkeigentum. Die genannten Eigentümer haben die Lasten des gemeinschaftlichen Eigentums und die Kosten der gemeinschaftlichen Verwaltung nach Maßgabe ihrer Wertquoten zu leisten (Art. 712h ZGB). Die Gemeinschaft erwirbt unter ihrem Namen das sich aus ihrer Verwaltungstätigkeit ergebende Vermögen. Erwähnt werden u. a. die Beitragsforderungen und die aus ihnen erzielten Mittel, wie den Erneuerungsfonds. Die Organisation legt das Gesetz im einzelnen in Art. 712m ff. ZGB fest. Die Versammlung der Stockwerkeigentümer wird grundsätzlich vom Verwalter einberufen und geleitet. Hinsichtlich seiner Zuständigkeit s. Art. 712a ZGB.

III. Das Eigentum an beweglichen Sachen

1. Gegenstände sind die ihrer Natur nach beweglichen körperlichen Sachen sowie die im Gesetz erwähnten Naturkräfte (Art. 713 ZGB). Das Fahrniseigentum wird durch Übertragung des Besitzes auf den Erwerber verschafft. Der gutgläubige Erwerb wird nach Maßgabe von Art. 714 II ZGB geschützt. Besonders geregelt ist der *Vorbehalt des Eigentums* an einer dem Erwerber übertragenen beweglichen Sache. Erforderlich ist die Eintragung in ein besonderes öffentliches Register. Bei einem Abzahlungsgeschäft kann der Eigentümer Gegenstände, die unter Vorbehalt geleistet sind, zurückverlangen, wenn er die vom Erwerber geleisteten Abzahlungen nach Maßgabe von Art. 716 ZGB zurückerstattet.

Die folgenden Bestimmungen regeln die Aneignung herrenloser Sachen, besonders herrenloser Tiere. Im Anschluß daran behandelt das Gesetz den Fund. Sonderregelungen betreffen den Schatz und wissenschaftliche Gegenstände.

Die sog. Zuführung (Art. 725 ZGB) bezieht sich auf Wasser, Wind, Lawinen oder andere Naturgewalten. Sie bezieht sich auch auf die Verirrung fremder Tiere. Der Gewahrsamsinhaber hat die Rechte und Pflichten eines Finders (Art. 725 I ZGB).

Die Schlußvorschriften beziehen sich auf die Verbindung und Vermischung sowie die Ersitzung. Das Fahrniseigentum geht dadurch unter, daß der Eigentümer sein Recht aufgibt oder daß in der Folge ein anderer das Eigentum erwirbt (Art. 729 ZGB).

2. Das BGB behandelt *nach* dem Besitz das Eigentum im allgemeinen sowie den Erwerb und Verlust des Eigentums an beweglichen Sachen besonders (§§ 929 ff.). Im Vordergrund steht der Erwerb vom Eigentümer, dem später der Erwerb vom „Nichtberechtigten" folgt. Ausgangspunkt ist das Übereignungsprinzip auf der Grundlage von Einigung und Übergabe bzw. Ersatz der Übergabe. Andere Erwerbsgründe sind die Ersitzung, Verbindung und Vermischung sowie die Verarbeitung. Eine besondere Art ist der Eigentumserwerb durch Einverleibung in ein Inventar. Hinzu kommt der Eigentumserwerb an Früchten und Bestandteilen.

Eine besondere Problematik hat die rechtshistorische und rechtsdogmatische Behandlung des gutgläubigen Erwerbes von Nichtberechtigten ausgelöst (s. o.).

IV. Das Grundstückseigentum

Was das Liegenschaftsrecht angeht, so steht im Mittelpunkt das Eigentum am Grundstück. Kernstück ist die Eintragung der Rechte am *Grundstück im Grundbuch*. Im Vordergrund stehen die Grundbuchprinzipien. Mittelpunkt ist die Liegenschaftsübereignung. Unter den beschränkten dinglichen Rechten stehen die *Grundpfandrechte* im Vordergrund; es folgen der Nießbrauch, die Dienstbarkeiten, die Reallast sowie das dingliche Vorkaufsrecht. Den Schlußstein bildet das Pfandrecht an beweglichen Sachen.

Von rechtsdogmatischer Bedeutung ist besonders der Eigentums- und Besitzschutz. Im Mittelpunkt stehen das Herausgabeverlangen und die Störungsabwehr.

Kernstück der gesamten Rechtsmaterie ist immer die *Struktur des Eigentumsrechts* gewesen, insbesondere auch die Rechtsform des Allein- und Mehrheitseigentums (Gesamthandseigentum und Miteigentum). In neuerer Zeit ist die soziale Gebundenheit des Eigentums sowohl im privatrechtlichen als auch im öffentlichrechtlichen Schrifttum hervorgetreten. Im Verfassungsrecht geht es um die Idee des Eigentumsschutzes.

V. Hypothek und Grundschuld

1. Eine eingehende *Darstellung* haben im Schrifttum neben der Eigentumsrechtslehre die Grundpfandrechte gefunden. Im Vordergrunde stehen die Leistung aus dem Grundstück sowie die *Theorie* der „dinglichen" Schuld und Gläubigerschuld. Es schließen sich an die Lehre vom „Anrecht" und „Verwertungsrecht". Diese erfaßt das Pfandrecht als ein dingliches, gegenstandsbestimmtes Recht, das zur Sicherung eines Geldanspruches ein Recht

auf die Verwertung des Pfandobjektes und auf die *rangordnungsmäßige Befriedigung* des Pfandgläubigers aus dem Erlös gewährt. Unterschieden werden das Leistungs- und das Duldungsurteil. Die Theorie vom Verwertungsrecht erblickt in dem Pfandrecht ein dingliches gegenstandsbestimmtes Recht, das zur Sicherung eines Geldanspruches ein Recht auf die Verwertung der Haftungsobjekte gewährt. Dogmatisch wird die *Leistungsklage* vorweggenommen, die sich auf die persönliche Forderung bezieht und das gesamte Vermögen des Schuldners (gegebenenfalls des Eigentümers) erfaßt. Demgegenüber richtet sich die Klage aus der Hypothek gegen den Eigentümer auf *Duldung* der *Zwangsvollstreckung* in das Grundstück. Der Gläubiger wird aus den Pfandgegenständen im Wege der Zwangsvollstreckung befriedigt. Voraussetzung ist, daß ein entsprechendes Duldungsurteil ergeht.

Von der Hypothek unterscheidet sich die Grundschuld (s. u.) dadurch, daß sie nicht in der geschilderten Weise akzessorisch ist. Dennoch gewährt auch die Grundschuld das Recht, das belastete Grundstück zu verwerten. Das Ziel ist ebenfalls darauf gerichtet, eine Geldsumme aus dem Erlös zu entnehmen.

Die sog. Eigentümergrundschuld bezweckt, dem Eigentümer die Rangstelle im Tilgungsfalle zu sichern, dergestalt, daß sie ein verselbständigter Eigentumssplitter ist, und zwar in der Hand des Eigentümers *(Westermann,* Sachenrecht § 117 III). Ihr Zweck ist, dem Grundeigentümer *die Rangstelle zu sichern,* so z. B. wenn das Fremdgrundpfandrecht nicht entstanden ist. Für die Eigentümergrundschuld gelten die für die Hypothek getroffenen Zinsvereinbarungen. Das BGB drückt dies folgendermaßen aus: „Vereinigt sich die Hypothek mit dem Eigentum in einer Person, ohne daß dem Eigentümer auch die Forderung zusteht, so verwandelt sich die Hypothek in eine Grundschuld". Ausnahmen gelten für die Verzinslichkeit, den Zinssatz, die Zahlungszeit und den Zahlungsort sowie die Kündigung. Eine besondere Rechtseinrichtung ist die Löschungsvormerkung, die voraussetzt, daß sich der *Eigentümer* verpflichtet hat, die Hypothek löschen zu lassen, wenn sie sich mit dem Eigentum in einer Person vereinigt.

Nachzutragen ist, daß *ohne Rücksicht auf eine Forderung* ein Grundstück in der Weise belastet werden kann, daß an den Berechtigten, nämlich denjenigen, zu dessen Gunsten die Belastung erfolgt, eine bestimmte Geldsumme aus dem Grundstücke zu zahlen ist (Legaldefinition für Grundschuld s. o.).

Zwar ist die Grundschuld begrifflich betrachtet nicht von der Entstehung einer Forderung und ihrem Fortbestehen abhängig, obwohl sich mit ihr durch eine entsprechende Abrede der Sicherungszweck verbinden kann (Sicherungsgrundschuld). Im Grundbuch ist der Sicherungszweck nicht eintragbar. Begrifflich betrachtet, ist die Grundschuld nicht von der gesicherten Forderung abhängig, daher in dem üblichen Sprachgebrauch nicht akzessorisch. Das BGB sieht sogar vor, daß eine Grundschuld auch für den Eigentümer bestellt werden kann. Falls der Eigentümer selbst der Gläubiger ist, darf er nicht die Zwangsvollstreckung zum Zwecke seiner Befriedigung betreiben. Umgekehrt wird die Hypothek kraft Gesetzes Grundschuld gemäß § 1177 I BGB. In Ansehung der Verbindlichkeit verwandelt sich nämlich die Hypothek in eine Grundschuld, wenn sie sich mit dem Eigentum in einer Person vereinigt. Das Gesetz drückt dies dahin aus (§ 1177 I BGB), daß bezüglich der Verzinslichkeit, des Zinssatzes, der Zahlungszeit, der Kündigung gemäß § 1177 I BGB die für die Forderung getroffenen Bestimmungen maßgebend bleiben.

Eine besondere Einrichtung ist die sog. Löschungsvormerkung, die voraussetzt, daß sich der Eigentümer einem anderen gegenüber verpflichtet, die Hypothek löschen zu lassen, wenn sie sich mit dem Eigentum in einer Person vereinigt. Mit der Löschungsvormerkung soll das „Aufrückinteresse" gesichert werden.

2. Was das schweizerische Recht anbetrifft, so hat das Zivilgesetzbuch besondere Vorschriften für die Pfandstelle geschaffen. Ausgangspunkt ist die Überlegung, daß sich die pfandrechtliche Sicherung auf die Pfandstelle beschränkt, die bei der Eintragung angegeben worden ist (Art. 813 I ZGB). Es besteht hiernach die Möglichkeit, daß Grundpfandrechte evtl. auch im zweiten oder beliebigen Rang errichtet werden, sofern im Grundbuch ein bestimmter Betrag rangmäßig vorbehalten wird. Eine Sondervorschrift behandelt die Pfandstellen untereinander (Art. 814 I ZGB). Besonders hervorhebenswert ist aus Gründen der Rechtsvergleichung ihre gesetzliche Behandlung untereinander.

Bei der Löschung eines Grundpfandes hat der nachfolgende Grundpfandgläubiger keinen Anspruch darauf, in die eingetretene Lücke „nachzurücken". Hieraus ergibt sich die rechtliche Folgerung, daß an die Stelle des getilgten vorgehenden Grundpfandes ein anderes errichtet werden darf. Das Gesetz läßt allerdings *Vereinbarungen* über das sog. Nachrücken von Grundpfandgläubigern zu, wenn sie *vorgemerkt* sind. Eine besondere Regelung haben *leere* Pfandstellen in Art. 815 ZGB gefunden. Hinsichtlich der Art der Befriedigung ist bestimmt, daß der Gläubiger ein Recht darauf hat, sich im Falle der Nichtbefriedigung aus dem Erlös des Grundstücks zu befriedigen. Eine Verabredung, wonach das *Grundpfand* dem betreffenden Gläubiger, wenn er nicht befriedigt wird, *als Eigentum* zufallen soll (sog. Verfallklausel), ist ungültig. Der Erlös wird nach dem Range der Hypothekare verteilt. Grundpfandgläubiger gleichen Ranges haben unter sich Ansprüche auf gleichmäßige Befriedigung.

Nachzutragen ist, daß das deutsche Hypothekenrecht unlängst durch eine Zusatzbestimmung in § 1179a BGB geändert wurde. Hiernach kann der Gläubiger einer Hypothek von dem Grundstückseigentümer verlangen, daß dieser eine vorrangige oder gleichrangige Hypothek *löschen* läßt, wenn sie im Zeitpunkt der Eintragung der Hypothek des Gläubigers mit dem Eigentum in einer Person vereinigt ist oder eine solche Vereinigung später eintritt. Eine Sonderregelung ist für die Löschung einer Hypothek, die nach § 1163 Abs. 1, Satz 1 BGB mit dem Eigentum in einer Person vereinigt ist, getroffen.

3. Nach österreichischem Recht gilt in der in Rede stehenden Hinsicht das Akzessoritätsprinzip. Für den Erwerb von Grundpfandrechten gilt das Eintragungsprinzip. Hervorgehoben wird, daß die Hypothek „besitzlos" ist, weshalb ein Besitzschutz nicht in Betracht kommt. Unterschieden werden die Verkehrshypotheken und die Höchstbetragshypotheken. Im Falle der ersten Kategorie hat der Gläubiger die Forderung, die zu sichern ist, ziffermäßig eintragen zu lassen (Wertsicherungen sind nach h. M. nicht eintragungsfähig). Gemäß dem BGB können Hypotheken im Hinblick auf das Kreditverhältnis zu einem Höchstbetrag eingetragen werden, jedoch nur zur Sicherung von Geldforderungen. Die Simultanhypothek, die als eine Einheit aufgefaßt wird, ist ein Gesamtpfandrecht, das an mehreren verbücherten Liegenschaften besteht. Das Pfandrecht ist grundsätzlich vom Bestand der zu sichernden Forderung abhängig. In formeller Hinsicht bleibt jedoch der Pfandgläubiger bis zur Löschung der Hypothek legitimiert. Materiellrechtlich besteht die persönliche Forderung bis zu ihrer Tilgung. Der eingetragene Gläubiger bleibt bis zur Aufhebung des Pfandrechts bzw. der Löschung der Hypothek zur Verfügung berechtigt.

Die Hypotheken bleiben bis zu ihrer Löschung im Grundbuch bestehen. Nach § 469 ABGB genügt die Tilgung der Schuld allein nicht zur Aufhebung einer Hypothek, denn die dingliche Haftung dauert so lange fort, bis die „Schuld" aus den öffentlichen Büchern gelöscht ist (§ 469 ABGB). Der Gläubiger hat bei der Löschung im Grundbuch eine entsprechende Löschungsquittung auszustellen. Legitimiert ist nur der Eigentümer (Petrasch, § 469 ABGB, Anm. 4). Im Falle der Vereinigung von Eigentum und Hypothek entsteht eine sog. Eigentümerhypothek. Das Schicksal der Eigentümerhypothek im Vollstreckungsverfahren behandelt § 478 ABGB.

Solchenfalls bringt der Eigentümer des Grundstücks ausnahmsweise die Stellung eines Hypothekengläubigers ein, ist daher zur Beteiligung an Exekutionsverfahren berechtigt.

Nachtrag zum Hypothekenrecht

Die österreichische „Eigentümerhypothek", Die praktischen Erfahrungen in Österreich, Deutschland und der Schweiz *(H. Hofmeister,* in: Aus Österreichs Rechtsleben in Geschichte und Gegenwart, FS f. C. Helbling, Berlin 1981, S. 585 ff.).

Das Verhältnis von Rangordnung in der österreichischen Rechtspraxis bezieht sich zunächst auf den Rechtszustand vor dem Inkrafttreten der bekannten Teilnovellen. Der Genannte bemerkt, daß es nicht nur an einer gesetzlichen Grundlage des „Eigentümer-Verfügungsrechts" fehlte; es gab sogar etliche Bestimmungen, „die mehr oder weniger eindeutig gegen die Existenz eines solchen Rechts und damit zugunsten eines *Vorrückungsrechtes* der Hypothekare sprachen". Das Eigentümerverfügungsrecht hatte sich aber in der Rechtspraxis verbreitet, insbesondere bei Tilgungshypotheken. Wie Hofmeister weiter ausführt, wollte die Teilnovelle durch die ausdrückliche Einräumung des Verfügungsrechts dem Eigentümer die Möglichkeit der „Umschuldung" geben. Andererseits räumte man dem Nachhypothekar die Möglichkeit (seit der zweiten Phase der Vorarbeiten) ein, einen vertraglich begründeten Löschungsanspruch grundbücherlich zu sichern. Hofmeister beruft sich bei seinen Vorschlägen darauf, daß auch in der Schweiz die Löschungsverpflichtungen und somit deren Vormerkung häufig sei. Am Ende bemerkt er, daß sich in allen drei Ländern in der Rechtspraxis die übereinstimmende Tendenz zeige, den vom Gesetzgeber als Regel aufgestellten Grundsatz der Rangwahrung zugunsten des Eigentümers in die Rolle einer „seltenen" Ausnahmeerscheinung abzudrängen. Auf diesem Wege werde das Nachrückungsprinzip „als Regel" hervortreten. Am Ende führt er die entsprechenden Rechtsfolgen für das österreichische Recht an. Schließlich erörtert er auch die deutsche Reform von 1977, wonach der *Löschungsanspruch für alle Arten des Grundpfandrechts* zum gesetzlichen Inhalt geworden ist.

Im Abschnitt VII. wird das österreichische Eigentümerverfügungsrecht in rechtspolitischer Sicht mit allen Konsequenzen dargestellt.

Zu den beschränkten dinglichen Rechten an eigener Sache nach schweizerischem Recht s. *Liver,* Die Dienstbarkeiten und Grundlasten I, Zürich 1980, Einl. VII. Das ZGB sieht die Errichtung von Eigentümerschuldbriefen und Eigentümergülten gem. Art. 859 vor, und zwar durch einseitige Rechtsgeschäfte.

Fünfter Teil

I. Persönliches Eigentum

Im Rahmen der vorstehenden Hauptteile ist im Anschluß an einen weitverbreiteten Sprachgebrauch das Wort „Privateigentum" vorgekommen. Gegen diese Ausdrucksform werden zum Abschluß der Darlegungen Änderungsvorschläge gemacht. Die Vorsilbe „Privat" steht offensichtlich in Antithese zum *öffentlichen* Eigentum, dessen Sinndeutung im Sprachgebrauch des öffentlichen Rechts festgelegt ist.

Die Verbindung der Vorsilbe „Privat" mit dem Begriff Eigentum deutet auf eine abgeschlossene Sphäre hin, die gleichsam außerhalb der Gesamtordnung steht. Es wird vielmehr vom persönlichen Eigentum der Menschen zu sprechen sein, um insbesondere auch eine Verbindung zu dem Sprachgebrauch herzustellen, der mit dem Worte Personenrecht verbunden ist. Anderswo wird die Vorstellung eines persönlichen Eigentums in Antithese zum genossenschaftlichen und gesellschaftlichen Eigentumsrecht zum Inhalt der Systematik gemacht (s. hierzu *David / Grassmann*, Einführung in die großen Rechtssysteme der Gegenwart, 2. deutsche Auflage, München 1988, S. 320).

Indes beruht der obige Vorschlag auf einem tieferliegenden Grunde als der systematischen Überlegung. Der Ausgangspunkt der Erwägungen ist die Vorstellung eines *geistigen* Eigentums, das hier nicht mehr erläutert werden soll. Der Ansatzpunkt ist das Gesetz über die Wahrnehmung von Urheberrechten und verwandten Schutzrechten vom 9. September 1965 (BGBl. I, S. 1294). Bezug genommen wird auf die „Bearbeitungen eines Werkes durch *persönliche* geistige Schöpfungen des Betreffenden". Das genannte Beiwort „persönlich" läßt sich aber nicht anstelle der Vorsilbe „Privat" verwenden.

II. Vom Sinn und Wert des Eigentums in der Rechtsgeschichte

Erinnerungen an Heinrich Mitteis: „Die Rechtsidee in der Geschichte"

Der Genannte hat in verschiedenen Veröffentlichungen auf den Wert und die Bedeutung des „Eigentums" in ideenhafter Deutung hingewiesen.

II. Vom Sinn und Wert des Eigentums in der Rechtsgeschichte

„Wenn wir das Wort Vermögen seinem tiefsten Sinne nach verstehen, so bedeutet es das, was ein Mensch vermag, also auch seine persönliche Leistung, und Eigentum bedeutet das, was einem Menschen zu eigen, was ihm eigentümlich ist, was ihn vor anderen auszeichnet und als Persönlichkeit charakterisiert" (a. a. O., S. 521).

„Das Eigentum sollte frei verfügbar sein, jeder sich durch Verträge verpflichten können; niemand durfte in den Hausfrieden eines anderen einbrechen (a. a. O., S. 519).

„Waren es ursprünglich nur primitive Besitzverhältnisse, die respektiert wurden, gehörte zunächst zur Sachherrschaft die physische Deckung mit dem Körper, so vergeistigten sich die Begriffe immer mehr bis zur Anerkennung des Eigentums über den Tod hinaus, der Bestimmungsmacht im Erbrecht. Im Erbrecht hat der Mensch den physischen Tod überwunden und seine Lebensleistung kommenden Generationen dienstbar gemacht".

„In Deutschland galt eine derartige Regel nicht, und das Fehlen eines Reichsarchivs erschwerte es der Zentralgewalt, ihren Lehnsbesitz zu behaupten; eine unübersehbare Zahl von Reichslehen mag sich durch Verschweigen in freies Eigen verwandelt haben und es entstand die typisch deutsche Figur des Lehens vom Eigen ..."

„Der Urheber bekommt seine Rechte nicht, um sie gegen die Gesamtheit geltend zu machen, sondern, damit er seine Arbeitskraft und Berufsfreude im Dienste der Nation weiter verwerten kann. Überhaupt sind für uns ja die sog. Privatrechte nichts anderes als Rechte der verantwortlichen Selbstverwaltung, die die Einzelpersönlichkeit übertragen bekommen hat. Das gilt auch für das Eigentum. Eigentum verpflichtet. So ist der Ausdruck ‚geistiges Eigentum‘, der viel angefochten wird, heute wieder richtiger denn je, nachdem wir auch im Eigentum den großen ethischen und sozialen Gehalt wieder entdeckt haben ..." (a. a. O., S. 261).

Die von Mitteis berührte Rechtserscheinung eines geistigen Eigentums hat sich inzwischen bekanntlich zu einem internationalen Phänomen entwickelt. Es geht dabei um die Bezeichnung der Bereiche des Urheberrechts und in einem weiteren Rahmen des gewerblichen Rechtsschutzes. Die Vorstellung eines geistigen Eigentums ist auf diesem Wege synonym für das weit um sich greifende Immaterialgüterrecht geworden (s. z. B. BGH 17, 266 ff.). Über das internationale Schrifttum berichtet *P. Buck,* Geistiges Eigentum und Völkerrecht, in: Tübinger Schriften zum internationalen und europäischen Recht, Band 30, 1994, S. 260 ff.; s. ferner *Hubmann,* Die Idee vom geistigen Eigentum, Die Rechtsprechung des Bundesverfassungsgerichts und die Urheberrechtsnovelle von 1985, ZUM 1988, 4 ff.; *U. Joos / R. Moufang,*

Neue Tendenzen im internationalen Schutz des geistigen Eigentums, Bericht über das zweite Ringberg-Symposium des Max-Planck-Instituts für ausländisches und internationales Patent-, Urheber- und Wettbewerbsrecht, GRUR Int. 1988, 887 ff.

III. Das Eigentum in der österreichischen Privatrechtsgeschichte

Im älteren österreichischen Recht tritt das Eigentum in Gemeinschaftsformen in Erscheinung. Diese ziehen sich über verschiedene Rechtsepochen hin, so auf der Grundlage von Brüdergemeinschaften und bäuerlichen Gemeinschaften. Hinzu treten in späterer Zeit im Rahmen des Familienrechts eheliche Gütergemeinschaften. Auf dem Gebiete des Handelsrechts treten entsprechende Handelsgesellschaften in Erscheinung.

Unlängst hat U. Floßmann im Rahmen der Darstellung der österreichischen Rechtsgeschichte die Gemeinschaftsformen im Anschluß an das *Gesamthandsprinzip* dargelegt. Es kommt darin zum Ausdruck, daß sich das spätmittelalterliche Miteigentum in einer Übergangsphase befand, in der das *Gesamtgut* im Mittelpunkt stand.

Die neuzeitliche Rechtsentwicklung hielt zwar zunächst an dem römischrechtlichen *condominium,* das auf ideellen Anteilen beruhte, fest, ging aber am Ende des 17. Jahrhunderts zu dem bereits angedeuteten Gesamteigentum über. Richtungsweisend war die genossenschaftliche Lehre vom Gesamteigentum. Im Widerstreit der dogmatischen Auffassungen blieb das Miteigentum nach Bruchteilen bestimmend.

Wesenberg / Wesener, Neue deutsche Privatrechtsgeschichte, 3. Aufl., 1976, haben die Wandlung darin erblickt, daß die „deutschen Gesamthandgebilde" von der römischrechtlichen Doktrin erfaßt worden sind. Im Laufe des 18. Jahrhunderts tritt das Gesamteigentum in einen offensichtlichen Gegensatz zu dem römischrechtlichen Gesamteigentum nach Bruchteilen. Im Rahmen der Belehnung zur gesamten Hand und der ehelichen Gütergemeinschaft erhält sich das frühere Gesamthandsprinzip: wie die Genannten schließlich bemerken, erliegt der gütergemeinschaftliche Gedanke im 19. Jahrhundert „den Angriffen der Romanisten und einiger Germanisten".

Im Rahmen der österreichischen Kodifikationsgeschichte setzte sich die Idee des Miteigentums nach Quoten durch. Aber die Anteile der einzelnen Teilhaber waren nur ideell vorhanden.

Das österreichische ABGB bestimmte in § 361, daß gemeinschaftliches Eigentum entsteht, wenn eine ungeteilte Sache mehreren Personen zugleich gehört. Das Gesetz fügt jedoch hinzu, daß die Miteigentümer „in Beziehung auf das Ganze" wie eine einzige Person betrachtet werden. Aus dieser Formulierung hat die Lehre den Schluß gezogen, daß das Miteigentum nicht nach Bruchteilen geteilt ist, sondern gemeinschaftliches Recht „zu gleichen Rechten (Bruchteilen Quoten) ausgeübtes Eigentum" ist. Im Anschluß wird ausdrücklich hervorgehoben, daß das Gesamthandeigentum nur vorliegt, wenn der „einzelne Teilhaber über seinen Anteil verfügen kann". Es wird hinzugefügt, daß das Gesamthandeigentum dem ABGB fremd ist, weil der Ausschluß der Verfügung nur mit schuldrechtlicher Wirkung vereinbart werden könne (s. hierzu *Rummel / Spielbüchler*, Komm. ABGB § 361, Ziffer 3). Das Gesetz nennt in § 362 die wichtigsten Eigentümerbefugnisse. Hiernach kann der Eigentümer über sein Recht frei verfügen und in der Regel seine Sache „nach Willkür benutzen oder unbenutzt lassen". Es wird noch hinzugefügt, daß er die Sache vertilgen „ganz oder zum Teil auf andere übertragen oder unbedingt sich derselben begeben kann".

Was die Beschränkungen betrifft, so findet nach gesetzlicher Vorschrift „die Ausübung des Eigentumsrechts" nur insofern statt, als dadurch nicht in die Rechte eines Dritten eingegriffen wird". In derselben Bestimmung wird der Grundsatz niedergelegt, daß durch die Art und Weise der Ausübung des Eigentumsrechts nicht die vom Gesetz vorgeschriebenen Einschränkungen übertreten werden dürfen, die zur Erhaltung und Förderung des allgemeinen Wohles festgelegt sind (§ 364 I ABGB).

In diesem Zusammenhang faßt das genannte Gesetz die im Interesse der Nachbarschaft dem Eigentümer auferlegten Beschränkungen zusammen.

Hervorhebenswert ist der Grundgedanke des § 365 ABGB: „Wenn es das allgemeine Beste erheischt, muß ein Mitglied des Staates gegen eine angemessene Schadloshaltung selbst das vollständige Eigentum einer Sache abtreten" (Enteignung).

IV. Das Eigentum in der schweizerischen Privatrechtsgeschichte

1. In der Schweiz ist das Sachenrecht nach dem Familien- und Erbrecht geregelt. Vorangestellt ist nicht der Besitz, sondern das *Eigentum,* das zuerst nach Inhalt und Umfang behandelt wird. In den Schranken der Rechtsordnung kann der Eigentümer über die betreffende Sache nach seinem Belieben verfügen. Der Eigentümer hat überdies das Recht, die Sache von jedem, der sie ihm rechtswidrig vorenthält, herauszuverlangen. Nach allgemeinen Grundsätzen kann er jede ungerechtfertigte Einwirkung abwehren (Art. 641 ZGB).

Im System der absoluten Rechte tritt das Eigentum als das umfassendste dingliche Recht hervor *(Arthur Meier-Hayoz,* Das Sachenrecht, 5. Aufl., Berlin 1981, S. 128 ff.). Die Versuche der Begriffsbestimmung laufen auf eine Umschreibung hinaus, sei es, daß man sich ein Herrschaftsrecht über die Sache vorstellt oder diese in ein Zugehörigkeitsverhältnis bringt. Das Gesetz beschränkt das Eigentumsrecht in vielfacher Weise, z. B. aus nachbarrechtlichen Gründen. Von derartigen Beschränkungen ist die völlige Entziehung des Rechts, die gegen Entschädigung stattfindet, zu unterscheiden. Die Vermutung spricht für die Freiheit des Eigentums, so daß derjenige, der sich auf eine Beschränkung beruft, sei es der Staat oder eine Privatperson, die Existenz und den Umfang derselben zu beweisen hat.

Die sog. Eigentumsgarantie bezieht sich entweder auf den Bestand oder auf den Schutz des Eigentums als Institution des objektiven Rechts *(Meier-Hayoz,* a. a. O., S. 174). Die *Institutsgarantie* erstreckt sich bekanntlich nicht nur auf die Gewährleistung des sachenrechtlichen Eigentums, sondern auf alle privaten Vermögensrechte.

2. Die Dogmatik des schweizerischen Sachenrechts hat zahlreiche Prinzipien entwickelt, von denen das sog. Publizitätsprinzip, das sich u. a. auf den öffentlichen Glauben des Grundbuchs bezieht, ebenso wie das Eintragungsprinzip am Anfang stehen.

Weitere Grundsätze des schweizerischen Sachenrechts sind das Traditionsprinzip sowie der Leitsatz der Typengebundenheit und -fixierung.

Die sog. dinglichen Rechte vermitteln eine unmittelbare Sachherrschaft im Gegensatz zu den persönlichen Rechten. Vom dinglichen Recht des Eigentums wird der Besitz als tatsächliche Herrschaft begrifflich getrennt.

Das ZGB hat die Einrichtung des Besitzes an das Ende des Sachenrechts gerückt (Art. 919 ZGB): „Wer die tatsächliche Gewalt über eine Sache hat, ist ihr Besitzer". Eine ihrer Natur nach vorübergehende Verhinderung oder Unterlassung der Ausübung der tatsächlichen Gewalt hebt den Besitz nicht auf (Art. 921 ZGB). Die Übertragung findet im Prinzip durch die Übergabe der Sache selbst oder derjenigen Mittel statt, die dem Empfänger die Gewalt über die Sache verschaffen. Im Falle der Übertragung unter Abwesenden wird die Übergabe der Sache nur durch Aushändigung an den Empfänger oder dessen Stellvertreter vollzogen.

Im Mittelpunkt der Regelung steht der Schutz des Besitzes. Das Gesetz geht davon aus, daß sich jeder Besitzer verbotener Eigenmacht mit Gewalt erwehren darf (Art. 926 ZGB). Ein weiterer Rechtsbehelf ist der Klageweg, sei es aus Besitzentziehung oder Besitzstörung. Diese Regelung entspricht etwa der des deutschen BGB. Hinzuzufügen ist unter dem Gesichtspunkt

IV. Das Eigentum in der schweizerischen Privatrechtsgeschichte   73

des Rechtsschutzes, daß der Besitz die Vermutung des Eigentums begründet. Im Anschluß an die Einrichtung des Besitzes wird die Eintragung in das Grundbuch gesetzlich geregelt. Eingetragen werden nach Art. 958 ZGB: das Eigentum, die Dienstbarkeiten und Grundlasten und die Pfandrechte. Persönliche Rechte können im Grundbuch vorgemerkt werden, wenn das Gesetz dies ausdrücklich vorsieht. Eine Sondervorschrift (Art. 960 ZGB) regelt die Vormerkung von Verfügungsbeschränkungen (hinsichtlich persönlicher Rechte s. Art. 559 ZGB).

Objekt des Besitzes sind sowohl bewegliche Sachen als auch Grundstücke. Nach Art. 713 ZGB sind ferner neben beweglichen körperlichen Sachen auch die Naturkräfte Gegenstand des Fahrniseigentums.

3. Die beschränkten dinglichen Rechte werden in Dienstbarkeiten und Grundlasten eingeteilt. Ein Grundstück kann zum Vorteil eines anderen Grundstücks in der Weise belastet werden, daß der Eigentümer bestimmte Eingriffe eines „anderen Grundstückes" zu dulden hat. Eine weitere Alternative ist, daß der Eigentümer nach gewissen Richtungen sein Eigentumsrecht nicht ausüben darf (s. im einzelnen Art. 730 Abs. I ZGB). Es handelt sich hierbei nur um eine Duldung, denn eine Verpflichtung zur Vornahme von Handlungen kann nur nebensächlich mit der *Grunddienstbarkeit* verbunden sein. Im weiteren systematischen Aufbau stehen neben den Dienstbarkeiten dieser Art noch die Nutznießung und andere Dienstbarkeiten.

Was die *Grundlasten* angeht, so sind diese in Art. 782 ff. ZGB geregelt. Durch die Grundlast wird der *jeweilige* Grundstückseigentümer zu einer Leistung an einen Berechtigten verpflichtet. Die Haftung beschränkt sich ausdrücklich auf das Grundstück.

Im Falle des Eigentumswechsels wird daher ohne weiteres der Erwerber Schuldner der Grundlast. Von der Grundlast ist systematisch das Grundpfand zu trennen, das als Grundpfandverschreibung, als Schuldbrief oder als Gült bestellt wird. Das Gesetz bestimmt, daß bei der Bestellung des Grundpfandes in allen Fällen ein bestimmter Betrag der Forderung anzugeben ist. Das Grundpfand entsteht mit der Eintragung in das Grundbuch. Handelt es sich um gemeinschaftliches Eigentum, so kann jeder Eigentümer seinen Anteil verpfänden (Art. 800 ZGB).

4. Einer besonderen Darstellung bedarf das gemeinschaftliche Eigentum. Unterschieden wird hierbei zwischen der *Rechtsgemeinschaft* (s. hierzu *Peter Liver*, Das Eigentum, Schweizerisches Privatrecht, Band V / 1, § 11) und dem Miteigentum. Nach der gesetzlichen Definition bedeutet *Miteigentum*, daß mehrere Personen eine Sache nach Bruchteilen und ohne ihre äußerliche Abteilung zu ihrem Eigentum haben. Jeder Miteigentümer hat für seinen

Anteil die Rechte und Pflichten eines Eigentümers. Er ist befugt, „die Sache insoweit zu vertreten, zu gebrauchen und zu nutzen, als es mit dem Rechte der anderen verträglich ist" (Art. 646 I ZGB). Von dieser Rechtsform des Eigentums unterscheidet das Gesetz ausdrücklich das Gesamteigentum (Art. 652 ff. ZGB).

Die Zusammenfassung der gesetzlichen Eigentumsordnung

I. Die Sachordnung und Vertragsordnung

1. Gegenstand des Grundeigentums sind die Liegenschaften und ihre wesentlichen Bestandteile, insbesondere die mit dem Grund und Boden fest verbundenen Sachen, namentlich Gebäude und die zur Herstellung eingefügten Dinge.

Im Sinne des Gesetzes sind Sachen körperliche Gegenstände, die als vertretbar gelten, wenn sie im Verkehr nach Zahl, Maß oder Gewicht bestimmt zu werden pflegen.

Bewegliche Sachen, deren bestimmungsmäßiger Gebrauch im Verbrauch oder in der Veräußerung besteht, sind im Sinne des Gesetzes verbrauchbare Sachen.

Zu den wesentlichen Bestandteilen eines Grundstückes oder Gebäudes gehören die zu seiner Herstellung eingefügten Sachen. Rechte, die mit dem Eigentum an einem Grundstück verbunden sind, gelten als Bestandteile. Zubehör sind bewegliche Sachen, die dem wirtschaftlichen Zweck der Hauptsache zu dienen bestimmt sind, besonders gewerbliches und landwirtschaftliches Inventar.

2. Der Vertrag, der auf den Erwerb des Eigentums an einem Grundstück gerichtet ist, bedarf der gerichtlichen oder notariellen Beurkundung. Der Erwerber erlangt einen persönlichen Anspruch auf Eintragung als Eigentümer des betreffenden Grundstückes. Dies gilt auch für den Erwerb des Eigentums durch Erbfall, Enteignung, gerichtliches Urteil und Zwangsvollstreckung.

II. Die Grundbuchordnung

Die Grundstücksrechte werden im Grundbuch abteilungsmäßig entsprechend den Buchungsvorgängen eingetragen. Hierfür sind die Rangordnungen und die zeitliche Folge maßgebend. Zu berücksichtigen sind etwaige Rangvorbehalte.

Im Falle der Unrichtigkeit der Eintragung gewährt das Gesetz den Rechtsbehelf des Widerspruchs gegen die Richtigkeit des Grundbuchs.

Die dingliche Rechtsänderung findet regelmäßig auf Antrag des Berechtigten statt. Sie führt gegebenenfalls zur Änderung oder Aufhebung der Eintragung im Wege der sog. Grundbuchberichtigung. Die Berichtigung des Grundbuchs vollzieht sich in der Weise, daß derjenige, dessen Recht nicht oder nicht richtig eingetragen oder durch die Eintragung einer nicht bestehenden Belastung oder Beschränkung beeinträchtigt ist, die Zustimmung zu der Berichtigung des Grundbuchs von dem Betroffenen verlangen kann. In den Fällen der Unrichtigkeit des Grundbuchs kann ein entsprechender Widerspruch eingetragen werden. Im allgemeinen gilt die gesetzliche Vermutung, daß ein Recht, das im Grundbuch eingetragen ist, als bestehend angenommen wird (§ 891 I BGB).

Das Gesetz ermöglicht die Eintragung einer Vormerkung zur Sicherung des Anspruches auf Einräumung oder Aufhebung eines Grundstücksrechts nach Maßgabe des § 883 I BGB. Die Eintragung der Vormerkung findet auf Grund einer einstweiligen Verfügung oder auf Grund der Bewilligung desjenigen statt, dessen Grundstück oder dessen Recht von der Vormerkung betroffen wird.

Mit der Einrichtung des Grundbuches ist der sog. öffentliche Glaube verbunden. Grundsätzlich gilt nämlich der Inhalt des Grundbuchs zugunsten desjenigen, der ein Recht an einem Grundstück erwirbt, als richtig. Der Schutz setzt Gutgläubigkeit des Erwerbers voraus. Der öffentliche Glaube versagt, wenn die Unrichtigkeit dem Erwerber bekannt ist.

III. Die Grundstücksveräußerung und das Wohnungseigentum

Nach den allgemeinen Vorschriften ist zur Eigentumsübertragung bzw. zur Belastung eines Grundstücks die dingliche Einigung der Beteiligten nach Maßgabe des § 873 in Verbindung mit der Eintragung der Rechtsänderung im Grundbuch erforderlich. Im Falle der Aufhebung eines eingetragenen Rechts ist außer dem Verzicht die Löschung erforderlich. Die zur Übertragung des Eigentums erforderliche Einigung des Veräußerers und des Erwerbers ist bei gleichzeitiger Anwesenheit beider Teile vor der zuständigen Stelle zu erklären. Die Auflassung kann nicht unter einer Bedingung oder Zeitbestimmung erfolgen. Nach neuerlicher Vorschrift soll die Erklärung nur entgegengenommen werden, wenn die erforderliche Urkunde über den Vertrag entweder vorgelegt oder gleichzeitig errichtet wird (§ 925a BGB).

Im Zusammenhang mit dem Wechsel des Eigentümers ist das Vorkaufsrecht zu erwähnen, das in seiner Erscheinungsform als dingliches Recht im Grundbuch eingetragen wird. In diesem Falle ist der Berechtigte dem Eigentümer gegenüber zum Vorkauf berechtigt. Unterschieden werden persönliche und dingliche Vorkaufsrechte, außerdem subjektiv-dingliche und subjektiv-persönliche Vorkaufsrechte.

Nach Maßgabe des Gesetzes über das Wohnungseigentum kann an Wohnungen das Wohnungseigentum begründet werden. Hierunter versteht das Wohnungseigentumsgesetz das Sondereigentum an dem gemeinschaftlichen Eigentum, zu dem es gehört (§ 1 des Wohnungseigentumsgesetzes vom 15. März 1951). Das Sondereigentum an der betreffenden Wohnung entsteht aus der Verbindung des Sondereigentums mit dem Miteigentumsanteil an dem gemeinschaftlichen Eigentum, zu dem es gehört. Das Gesetz regelt die vertragliche Einräumung von Sondereigentum in der Weise, daß das Miteigentum an einem Grundstück durch Vertrag der Miteigentümer in der Weise beschränkt werden kann, daß jedem der Miteigentümer das Sondereigentum an einer bestimmten Wohnung eingeräumt wird (§ 3 des Wohnungseigentumsgesetzes).

IV. Das Unternehmenseigentum

Im Rahmen der Lehre von den Sachen und anderen Rechtsobjekten treten die „Rechtsgesamtheiten" in verschiedenen Abwandlungen hervor. Mitunter ist der Ausgangspunkt das Vermögen, insbesondere das Gesamthands- und Sondervermögen. Sowohl die deutsche als auch die schweizerische Sachenrechtsliteratur behandeln das Unternehmen im Sinne von Handels- und Erwerbsgeschäft. So sehr das Unternehmen als wirtschaftliche Einheit im Rechtsverkehr aufgefaßt wird, stößt auf der anderen Seite die *einheitliche* rechtliche Erfassung auf bekannte Schwierigkeiten. In sachenrechtlicher Hinsicht unterliegen die *einzelnen* Gegenstände besonderen Vorschriften für die Übertragung und Verpfändung. Das schweizerische Schrifttum unterscheidet das Unternehmen als eine wirtschaftliche Einheit von dem Betrieb als Einheit im technischen Sinne.

Das Unternehmen erscheint als ein Niederschlag von bestimmten Tätigkeiten „in Form einer Organisation von Sachen und Rechten" *(Meier-Hayoz,* a. a. O., S. 80). Dieser weist darauf hin, daß die für alle Rechtsgesamtheiten bestehende Unmöglichkeit einer einheitlichen Behandlung in dinglicher Hinsicht auch für die Unternehmen gelte, weil die einzelnen Gegenstände auf Grund der rechtlichen Sonderbehandlung jeweils ihren eigenen Weg gingen. Es wird betont, daß das schweizerische Recht weder ein Eigentum am Unternehmen, wie z. B. das italienische Recht, noch ein Unternehmenspfand kennt.

Im deutschen Schrifttum hat *Fritz Baur* (Lehrbuch des Sachenrechts, 1989) in eingehender Darstellung das Unternehmenseigentum entwickelt. Hierbei hebt er hervor, daß das Unternehmen zwar ein zentraler Begriff des Handels- und Wirtschaftsrechts ist, daß jedoch das Phänomen in der privatrechtlichen Gesetzgebung nur selten verwendet wird (a. a. O., S. 271). Die Rede ist meist vom Geschäft oder Handelsgeschäft. Dennoch versucht er der Frage nachzugehen, ob sich ein *einheitliches Unternehmenseigentum* sachenrechtlich entwickeln läßt. Neben der Problematik der Übertragung und der Haftung steht die des Schutzes des Unternehmens. Mitunter erleichtert das Gesetz selbst die Annahme einer wirtschaftlichen Einheit eines auf ein Grundstück bezogenen Unternehmens (§§ 926, 1120 BGB). Es bleibt aber die Frage offen, auf welche Weise der Unternehmenskern sachenrechtlich zu übertragen ist. Dies mag sich vereinfachen, wenn das Unternehmen eine juristische Person darstellt (a. a. O., S. 274).

Im Hinblick auf die Haftungsproblematik ist die Entwicklung des Unternehmens zu einem dem Eigentum angeglichenen Vermögensrecht fortgeschritten. Die Praxis spricht vom Schutz des Rechts „am eingerichteten und ausgeübten Gewerbebetrieb". So erklärt sich der Versuch, das Unternehmen als sonstiges Recht im Sinne des § 823 BGB aufzufassen. Baur: „Vergegenwärtigt man sich den Schutz, den das Eigentum im § 1004 und § 823 BGB gefunden hat", liegt die Analogie nahe. Vermißt wird allerdings der „globale Herausgabeanspruch."

So betrachtet, bleibt die Lehre vom Unternehmenseigentum noch immer auf halbem Wege stehen, wiewohl immer wieder Anläufe auf die sachenrechtliche Einheit hin unternommen werden.

Nachtrag

Das Eigentum im sozialistischen Rechtskreis

Im Rahmen der Einführung in die Rechtsvergleichung auf dem Gebiete des Privatrechts *(Zweigert/ Kötz* I, 1984) hat die oben erwähnte Eigentumsform eine eingehende Darstellung gefunden, die im Prinzip als bekannt vorausgesetzt wird. Es geht hier nur um die Kategorien: Staatseigentum und genossenschaftlich-kollektivwirtschaftliches Eigentum, dem das „persönliche Eigentum" entgegengesetzt wird. Auf die Eigentumszuständigkeit ist an dieser Stelle nicht einzugehen. Es genügt die Feststellung, daß die sog. Produktionsmittel entweder im Eigentum des Staates oder einer genossenschaftlich organisierten Produktionseinheit stehen (a. a. O., S. 377). Auch das persönliche Eigentum der betreffenden Bürger ist zweckgebunden. Insbesondere unterliegt ihr Eigentum an einem Wohnhaus erheblichen Beschränkungen (a. a. O., S. 383).

Hinsichtlich der weiteren Entwicklung s. *David / Grasmann*, Einführung in die großen Rechtssysteme, München 1988, S. 235 ff.; 345 ff., wo darauf hingewiesen wird, „in der Stadt oder auf dem Lande als persönliches Eigentum für sich ein Haus mit einem oder zwei Stockwerken mit einem bis fünf Zimmern zu kaufen oder zu erbauen". David / Grasmann fügen hinzu, daß hiermit ausdrücklich die *Möglichkeit* individuellen Hauseigentums anerkannt werde. Die Verfassung von 1977 bestätigt dieses Recht (a. a. O., S. 345 ff.).

Schlußwort

Max Gutzwiller, „Elemente der Rechtsidee", ausgewählte Aufsätze und Rede, herausgegeben von Dr. Anton Heini, 1964, hatte in dem Beitrag über Gegenwart und Zukunft der Privatrechtswissenschaft den Versuch eines universellen allgemeinen Teiles der Privatrechtstheorie unternommen. Das Ziel ist: ein zentrales Mittel der *Verwesentlichung des Privatrechts* selbst.

Die Bestrebungen, die *Eigentumsordnung* in ihrem Ursprung, Ziel und Wandel zu ergründen, sind ein Beitrag zur „*Verwesentlichung*" des Privatrechts.

Ausgangspunkt sind die tragenden Grundpfeiler des überkommenen Sachenrechts im Rahmen der nebeneinander gestellten Kodifikationen. Der Nachdruck liegt hierbei auf den beiden Fundamenten Besitz und *Eigentum*.

Trotz der Alternativität der Fragestellung vollzieht sich die Enduntersuchung auf den gesetzlichen Bahnen der Institutionen des Besitzes und des Eigentums. Diese ist in allen beteiligten Ländern nach der Meinung des Verfassers unvermeidlich. Am Anfang wird regelmäßig sicherlich das systematische und dogmatische Verhältnis der beiden oben erwähnten Rechtsgestalten sein. Der Ausgangspunkt ist, daß in der Mitte die *Eigentumsordnung* das grundlegende Mittel auf dem Wege der Zuordnung ist.

Hieraus folgt, daß der Besitz dem Eigentumsrecht nicht ohne weiteres vorweggenommen werden kann, wie dies in der vorliegenden Abhandlung deutlich gemacht ist. Die Eigentumsordnung steht am Anfang des Ganzen. Unerheblich ist hierbei, ob der Besitz völlig an das Ende rückt oder gleichsam „eingearbeitet" werden soll.

Die Hauptgesichtspunkte sind die folgenden: die endgültige Zuordnung der Güter und ihr vorläufiger Verbleib. Im Rahmen der ersten Alternative wird gleichsam über die endgültige Zuordnung der Sache zu dem betreffenden Vermögen entschieden. Im Besitzstreit hingegen geht es um die vorläufige Ordnung der Dinge, ohne daß über das materielle Sachenrecht in der Linie des Eigentumsgedankens entschieden wird.

Es ist an dieser Stelle nicht noch einmal auf die sog. Zuordnungslehre einzugehen, sondern es handelt sich um die Definitivität der Entscheidung oder um die interimistische Beurteilung der Besitzlage. Die Zuerkennung des Eigentumsrechts an die betreffende Partei läuft auf einen endgültigen

Befund hinaus. Hiermit soll angedeutet werden, daß es dem Richter um die Definitivität der dinglichen Rechtslage geht. Diese Vorstellung ist nicht schlagwortartig gemeint, sondern eher im Sinne einer „res judicata". Die Konsequenz ist, daß im Regelfall unter den Parteien nichts mehr in der Schwebe bleibt. Die sog. Zuordnung ist, wie immer sie verstanden wird, vom Prinzip des Sachenrechts her gesehen, endgültig entschieden, und zwar auch insoweit als nach der Sachlage besitzrechtliche Erwägungen in Betracht kommen, wie etwa im Falle eines zugrundeliegenden Miet- oder Pachtverhältnisses.

Dies leitet auf die Besitzordnung über, der in einer oft beschriebenen Weise die Aufrechterhaltung der Besitzordnung innewohnt. Nach der Natur der Sache, die dem Ausgangspunkt zugrundeliegt, läuft die Untersuchung insofern auf interimistische Ergebnisse hinaus, weil die Kernfrage, nämlich die Eigentumsordnung, in den Gründen offenbleibt.

Einer solchen Beurteilungsweise wohnt der Grundsatz einer interimistischen, im Gegensatz zur definitiven Erledigung der causa inne. Selbstverständlich sind die Fälle zahlreich, in denen es den Parteien ausschließlich um die Ordnung der Besitzverhältnisse geht. Die theoretische Fragestellung bezieht sich indes nicht auf den Klagegegenstand, sondern auf das rechtsdogmatische und rechtssystematische Verhältnis von Eigentum und Besitz innerhalb der Gesamtlehre. Hierbei ist der Ausgangspunkt des Verfassers zu berücksichtigen, daß an die Stelle des allgemeinen Phänomens „Sachenrecht" das *Eigentumsrecht* getreten ist. Diese innere Verschiebung spricht für die Lösung im Sinne der Alternative, die das Eigentumsrecht in der systematischen Reihenfolge vor den Besitz stellt.

Literaturverzeichnis

Aicher, J.: Das Eigentum als subjektives Recht, 1975.

Baltl, H.: Österreichische Rechtsgeschichte, Graz 1982.

Baumann, J.: Einführung in die Rechtswissenschaft, Rechtssystem und Rechtstechnik, 8. Aufl., München 1989.

Baur, F. / *Baur*, J.: Lehrbuch des Sachenrechts, 15. Aufl., München 1989.

Bluntschli: Das zürcherische Sachenrecht, 3. Aufl., Zürich 1861.

Böbel, I.: Eigentum, Eigentumsrecht und institutioneller Wandel, Berlin / Heidelberg / New York u. a. 1988.

Brauneder, W.: Die Entwicklung des Ehegüterrechts in Österreich, Salzburg / München 1978.

— Die Verfassungsbewegung von 1848 und ihre Bedeutung für die Gegenwart, in: Österreichisches Anwaltsblatt, Heft 12, Wien 1978.

— Handwörterbuch zur deutschen Rechtsgeschichte, Band 3, Sp. 1334 ff., Berlin 1984.

Brüggemeier, G.: Deliktsrecht, Baden-Baden 1986.

Bucher, E.: Schweizerisches Obligationenrecht, Allgemeiner Teil, ohne Deliktsrecht, 2. Aufl., Zürich 1988.

— Obligationenrecht, Besonderer Teil, 3. Aufl., Zürich 1988.

— Organschaft, Prokura, Stellvertretung, in: FG f. Bürgi.

Buck, P.: Geistiges Eigentum und Völkerrecht, in: Tübinger Schriften zum internationalen und europäischen Recht, Band 30, 1994.

Bürgerliches Gesetzbuch (BGB), 101. neu bearb. Auflage, München 1989.

Bürgerliches Recht, Kodex des österreichischen Rechts, Stand 1.4.91 Wien.

Bydlinski, P.: Grundzüge des Privatrechts, Wien 1991.

Caroni, P.: Handwörterbuch zur deutschen Rechtsgeschichte, Band 2, Sp. 913, Berlin 1978.

Code civil: Petits Codes Dalloz, Paris 1978-1979.

Coing, H.: Europäisches Privatrecht, Band II, 19. Jahrhundert, München 1989.

Das allgemeine bürgerliche Gesetzbuch (ABGB), 4. Aufl., Wien 1948.

David, R. / *Grasmann*, G.: Einführung in die großen Rechtssysteme der Gegenwart, 2. deutsche Aufl., München 1988.

Ehrenzweig, Armin / *Ehrenzweig*, Adolf: Privatrecht, Kralik, W., 4. Buch, Das Erbrecht, Wien 1983.

Eichler, H.: Institutionen des Sachenrechts, Erster Band, Berlin 1952; Zweiter Band / Erster Halbband, Berlin 1957; Zweiter Band / Zweiter Halbband, Berlin 1960.

— Personenrecht, Wien / New York 1983.

— Die Einheit des Vertragsrechts, Frankfurt a. M. 1991.

— Rechtssystem der Zivilgesetzbücher, Vermächtnis und Aufgabe, Frankfurt a. M. 1993.

Endemann, F.: Lehrbuch des Bürgerlichen Rechts, Band I, 8. Aufl., Berlin 1903.

— Lehrbuch des Bürgerlichen Rechts, Erste Abteilung, Band II, Sachenrecht, Berlin 1905.

Ernst, W.: Eigenbesitz und Mobiliarerwerb, Tübingen 1992.

Ferid, M. / *Sonnenberger*, H. J.: Das französische Zivilrecht, Band 2, Heidelberg 1986; Band 3, Heidelberg 1987.

Fikentscher, W.: Methoden des Rechts, Band I, Tübingen 1975.

Floßmann, U.: Landrecht als Verfassung, Wien / New York 1976.

— Österreichische Privatrechtsgeschichte, Wien / New York 1983.

Guhl, Th.: Das Schweizerische Obligationenrecht, Zürich 1991.

Gutzwiller, M.: Elemente der Rechtsidee, Basel / Stuttgart 1964.

— Siebzig Jahre Jurisprudenz, Erinnerungen eines Neunzigjährigen, Basel 1978.

Hagemann, H. R.: Handwörterbuch zur deutschen Rechtsgeschichte, Band 1, Sp. 886, Berlin 1971.

Handbuch des Verfassungsrechts der Bundesrepublik Deutschland, Studienausgabe, 1. u. 2. Teil, Berlin / New York 1984.

Handwörterbuch zur deutschen Rechtsgeschichte, HRG, 1. Band, Berlin 1971; 2. Band, Berlin 1978.

Hattenhauer, H.: Europäische Rechtsgeschichte, Heidelberg 1992.

Hegel, G. F. W.: Philosophie des Rechts (Nachschrift), Frankfurt a. M. 1983.

Hofmeister, H.: Die Grundsätze des Liegenschaftserwerbes in der österreichischen Privatrechtsentwicklung seit dem 18. Jahrhundert, Wien 1977.

— Die österreichische Eigentümerhypothek, Die praktischen Erfahrungen in Österreich, in: Aus Österreichs Rechtsleben und Geschichte und Gegenwart, FS f. C. Helbling, Berlin 1981.

Homberger, A.: Kommentar zum Schweizerischen Zivilgesetzbuch, Das Sachenrecht, Dritte Abt., Besitz und Grundbuch, 2. Aufl., Zürich 1938.

Huber, E.: System und Geschichte des Schweizerischen Privatrechts, Erster Band 1886; Zweiter Band 1888; Dritter Band 1889; Vierter Band 1893, alle Basel.

— Erläuterungen zum Vorentwurf des Schweizerischen Zivilgesetzbuches, 2 Bände, 2. Aufl., Bern 1914.

Hubmann, H.: Das Persönlichkeitsrecht, 2. Aufl.; Köln / Graz 1967.

— Die Idee vom geistigen Eigentum, Die Rechtsprechung des Bundesverfassungsgerichts und die Urheberrechtsnovelle von 1985, ZUM 1988, 4 ff.

Jenny, F.: Der öffentliche Glaube des Grundbuches nach dem Schweizerischen Zivilgesetzbuch, Bern 1926.

John, U.: Die organisierte Rechtsperson, Berlin 1977.

Kaser, M.: Römisches Privatrecht, 13. Aufl., München 1983.

Kötz, H.: Deliktsrecht, 5. Aufl., Neuwied / Kriftel / Berlin 1991.

Koziol, H. / *Welser*, R.: Grundriß des bürgerlichen Rechts, Band II, Wien 1982.

Kramer, E. A.: Grundfragen der vertraglichen Einigung, München / Salzburg 1972.

Larenz, K.: Allgemeiner Teil des deutschen bürgerlichen Rechts, 5. Aufl., München 1980.

Leemann, H.: Kommentar zum Schweizerischen Zivilgesetzbuch, Sachenrecht, II. Abt., Band IV, Bern 1925.

Lent, F. / *Schwab*, K. H.: Sachenrecht, 13. Aufl., München 1972.

Limogni Franca, R.: Manual de Direito civil, Sao Paulo 1975.

Liver, P.: Das Eigentum, in: Schweizerisches Privatrecht, Band V / 1, Basel 1977.

— Kommentar zum Schweizerischen Zivilgesetzbuch, Die Dienstbarkeiten und Grundlasten, Erster Band, Die Grunddienstbarkeiten, 2. Aufl., Zürich 1980.

Meier-Hayoz, A.: Berner Kommentar, Schweizerisches Zivilgesetzbuch, Das Sachenrecht, 1. Abt., Das Eigentum, 2. Teilband, Grundeigentum I, Bern 1964; 3. Teilband, Bern 1975.

— Berner Kommentar, Schweizerisches Zivilgesetzbuch, Das Sachenrecht, 1. Abt., Das Eigentum, fünfte Auflage, Bern 1981.

Mitteis, H.: Die Rechtsidee in der Geschichte, Weimar 1957.

Mitteis, H. / *Lieberich*, H.: Deutsches Privatrecht, München 1981.

— Deutsche Rechtsgeschichte, 19. Aufl., München 1992.

Naucke, W.: Rechtsphilosophische Grundbegriffe, Frankfurt a. M. 1986.

Petrasch, F.: In: Rummel, Kommentar zum Allgemeinen bürgerlichen Gesetzbuch, § 469 ABGB, Wien 1992.

Radbruch, G.: Einführung in die Rechtswissenschaft, Stuttgart 1952.

— Rechtsphilosophie, 8. Aufl., Stuttgart 1973.

Rechtsgeschichte und Rechtsdogmatik, FS f. Hermann Eichler, Wien / New York 1977.

Reinhardt, R.: Einführung in die Rechtswissenschaft, Marburg 1949.

Rummel: Kommentar zum Allgemeinen bürgerlichen Gesetzbuch, Band 1, Wien 1983; Band 1, 2. Aufl., Wien 1992.

Schweizerisches Zivilgesetzbuch mit Obligationenrecht, 38. Aufl., Zürich 1990.

Schwind, E.: Deutsches Privatrecht, Wien / Leipzig 1921.

Spielbüchler, K.: In: Rummel, Kommentar zum Allgemeinen bürgerlichen Gesetzbuch, 2. Aufl., §§ 307, 308; § 354; § 361 Zi. 3, Wien 1992.

Stark, E. W.: Schweizerisches Zivilgesetzbuch, Das Sachenrecht, 1. Teilband, Der Besitz, 2. Aufl., Bern 1984.

Wesenberg, G. / *Wesener,* G.: Neuere deutsche Rechtsgeschichte, 3. Aufl., Lahr / Schwarzwald 1976.

Westermann, H.: Lehrbuch des Sachenrechts, Karlsruhe 1951.

Wieacker, F.: Privatrechtsgeschichte der Neuzeit, 2. neu bearbeitete Aufl., Göttingen 1967.

— Wandlungen der Eigentumsverfassung, in: AcP 148, 57 ff.

Wolff, M. / *Raiser,* L.: Sachenrecht, Tübingen 1957.

Zeuner, A.: Zum Verhältnis zwischen Vindikation und Besitzrecht, in: FS f. Wilhelm Felgentraeger, Göttingen 1969.

Zweigert, F. / *Kötz,* H.: Einführung in die Rechtsvergleichung auf dem Gebiete des Privatrechts, Band I, Tübingen 1984; Band II, Tübingen 1984.

Personenverzeichnis

Aicher 49

Baltl 15
Baumann 18, 27
Baur 19, 20, 31, 32, 33, 53, 77
Bluntschli 23
Böbel 41
Brauneder 15, 27
Brüggemeier 46
Bydlinski 11, 31
Buck 69

Caroni 24, 39
Coing 18, 35

David 68, 79

Eichler 19, 54, 59
Endemann 33, 34

Ferdi 40
Floßmann 15, 27, 70

Guhl 47
Gutzwiller 80

Hagemann 15
Hattenhauer 28
Hofmeister 31, 85
Huber 22, 24, 25
Hubmann 69

Jenny 26

Kötz 24, 25, 40, 78
Koziol 30, 55, 56

Lieberich 28
Liver 19, 22, 57, 67, 73

Martini 31
Meier-Hayoz 36, 37, 52, 72, 77
Mitteis 28, 68

Petrasch 66

Radbruch 9
Raiser 19, 33
Rummel 11, 49, 56, 71

Savigny 31
Sonnenberger 40
Spielbüchler 11, 49, 50, 56, 71

Thiebaut 28

Welser 30, 55, 56
Wesenberg 14, 28, 70
Wesener 14, 28, 70
Westermann 20, 21, 33
Wieacker 14, 19, 25, 29
Wolff 19, 33

Zweigert 24, 25, 40, 78

Printed by Libri Plureos GmbH
in Hamburg, Germany